グラフィックス
×
リノベーション
でつくる
こだわりの
オフィスデザイン

Office Renovation Graphics

Creating new value by renovating,
remodeling and restoring existing offices

Office Renovation Graphics

PIE International Inc.
2-32-4 Minami-Otsuka, Toshima-ku, Tokyo 170-0005 JAPAN
sales@pie.co.jp

ISBN 978-4-7562-5123-7 Printed in Japan

Contents

はじめに

ご好評をいただいた前作の『グラフィックス×リノベーションでつくる　こだわりのショップデザイン』の発刊から1年。リノベーションブームはより定着し、ぐっと身近になりました。リノベーションは私たちの暮らしやショップの世界だけではなく、オフィスの現場にも劇的な変化をもたらしています。

本書では、単にオフィスの施工事例を見せるだけではなく、オフィス空間とオフィスで使用するグラフィックツール（名刺や封筒、会社・企業案内、サービス案内等）をトータルで掲載しています。設計・施工会社とグラフィックデザインを担当したデザイン事務所、双方にご協力いただき、それぞれのプロがアイデアを出し合って作り出したオフィスを多数紹介します。
施主の希望やニーズに応えて、大きく生まれ変わり社員の業務の活性化に成功した例をはじめ、ワークスタイルに合わせた環境づくりは働く現場では必要不可欠なものとなっています。

また、施工データ、見取り図、Before写真もできるかぎり掲載しています。グラフィックデザイナーをはじめ、空間デザイナー、オフィスを立ち上げる方、建築関係のクリエイター等、オフィスづくりに関わる方たちの一助になれば幸いです。

最後に、素敵な作品をご提供いただきました出品者の方々へ、また、制作にあたりご協力をいただいたすべての方へ、この場を借りまして、心よりお礼を申し上げます。誠にありがとうございました。

パイ インターナショナル編集部

Introduction

A year has passed since publication of our well-received *Shop Renovation Graphics: Creating new value by renovating, remodeling and restoring an existing shop.* Renovation has taken firm root in our immediate environs, not only impacting our lifestyle and retail worlds, but dramatically changing offices as well.

This book captures examples of both office construction and the totality of office space, including accompanying graphic tools (business cards and envelopes, corporate / business leaflets, service information brochures, etc.). The many examples of offices shown within represent the pooled ideas of professionals from both architectural design / construction firms and graphic design offices.

Their resulting efforts answer current expectations and needs with successful transformations in employee work revitalization, illustrating the importance of creating workplaces integrating environments that reflect various work styles.

The book incorporates construction data, blueprints, and "before" photos as much as possible. We hope this work will help those engaged in the process of establishing new offices, be they graphic and interior designers, those launching businesses, or creative participants in the architectural process.

Finally, we would like to take this opportunity to thank all those who offered wonderful contributions, as well as the many individuals who supported the creation of this book. We indeed appreciate it.

PIE International Editing Department

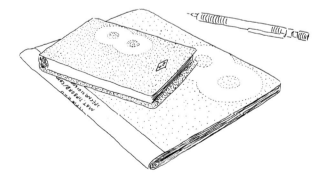

エディトリアルノート   *Editorial Notes*

オフィス名   業種の詳細   WEBサイト   ロゴ   施工データ   見取り図   施工前写真

コンセプト

スタッフクレジット

コンテンツ

※スタッフクレジットの略称は以下の通りに表記しております。

CL:	クライアント	Client
CD:	クリエイティブ・ディレクター	Creative Director
AD:	アート・ディレクター	Art Director
D:	デザイナー	Designer
I:	イラストレーター	Illustrator
CW:	コピーライター	Copy Writer
P:	フォトグラファー	Photographer
PR:	プロデューサー	Producer
DR:	ディレクター	Director
PL:	プランナー	Planner
AG:	代理店	Agency
DF:	デザイン会社	Design Firm
SB:	作品提供者(社)	Submitter

※上記以外の制作者呼称は、省略せずに掲載しております。

※本書に掲載されています店名、商品などの情報は、
　2018年10月時点での情報です。

※本書に掲載されていますキャンペーン、プロモーションは
　既に終了しているものもございますので、ご了承ください。

※作品提供者の意向により、データを一部記載していない場合があります。

※各企業名に付随する、株式会社、(株)、および有限会社、(有)などの表記は、
　省略させていただいております。

※本書に記載された企業名・商品名は、掲載各社の商標または登録商標です。

MEDIUM

天井高5mの空間を活かした吹き抜けの一体感。
元工場を存在感のあるオフィスに

macri.jp

MACRI ｜ インテリアスタイリング　INTERIOR STYLING

インテリアデザイン・家具スタイリングなどを行なうMACRI。元工場を魅力あるオフィスに。天井
や梁など既存のものを利用し、鉄骨も黒く塗装して色調をまとめあげた。大きな開口部の内側は
いきなりゆったりとソファの置かれたプレゼンスペース。中二階のワークスペースは元々の壁を取り
払い、見通しよく一体感のある空間を実現。家具や材料など道具関係はバックヤードに。

CL, SB: MACRI
CD: 紙谷岳志
AD: 木村賢司
D: 伊藤健太郎
P: 見学友宙

MACRI

施工データ

設計	MACRI	専有面積	120㎡
施工	–	設計期間	1ヶ月
築年	1963年	施工期間	1ヶ月
竣工	2017年	工事費	–

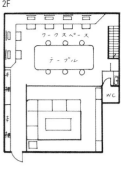

Floor Plan

Before

紙谷岳志
TAKESHI KAMIYA
CEO

MAIL aaaaaa@macri.jp
MOBILE 000-0000-0000

木村賢司
KENJI KIMURA
DIRECTOR

MAIL aaaaaa@macri.jp
MOBILE 000-0000-0000

伊藤健太郎
KENTARO ITO
DESIGNER

MAIL aaaaaa@macri.jp
MOBILE 000-0000-0000

濱野絢美
AYAMI HAMANO
INTERNATIONAL SALES

MAIL aaaaaa@macri.jp

名刺

MACRI
www.macri.jp

株式会社 MACRI
TEL 03-5829-9808
FAX 03-5829-9859

MACRI Co.,Ltd.
EL +81-3-5829-9808
X +81-3-5829-9859

フィス / 倉庫 / スタジオ 〉
0-0004 東京都墨田区本所 4-5-3

ICE / WAREHOUSE / STUDIO 〉
4-5-3 Honjo, Sumida-ku,
TOKYO, 130-0004 JAPAN

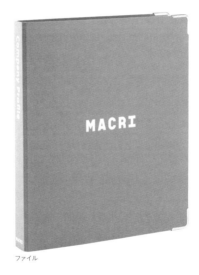

ファイル

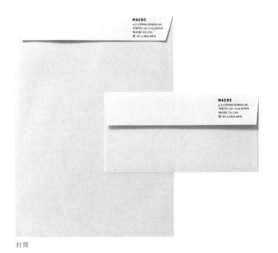

封筒

MACRI
www.macri.jp

ステッカー

オリジナルのガラス製卓球台など
デジタル開発ならではの個性的なオフィス

NewsTech
スマートフォン用コンテンツ開発・運営
SMARTPHONE CONTENT DEVELOPMENT / SALES

スマートフォンアプリケーションの開発・運営を主事業とするNewsTechのオフィスリノベーション。中央を執務スペースとする大きなワンルームの中に、特注の卓球台のあるレクリエーションの場を据え遊び心と実務を融合。東京ミッドタウンに隣接し、借景を臨む二面開口を最大の魅力と捉えながら丁寧に手を加え、開発のための環境として様々な使い方を許容する空間としている。

www.newstech.jp

CL: NewsTech Inc.
© Yukari Katsuragawa / NewsTech Inc.
P[オフィス写真]: 阿野太一
SB: トラフ建築設計事務所

名刺

NEWSTECH

施工データ

設計	トラフ建築設計事務所
施工	イシマル / スーパーロボット
	中村塗装工業
築年	–
竣工	2016年
専有面積	208.56㎡
設計期間	3ヶ月
施工期間	1ヶ月
工事費	–

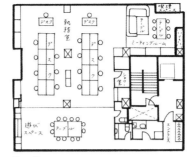

Floor Plan

Before

カード　　　　　　　封筒

ステッカー

鉄枠のパーテーションがコンクリートの無骨な躯体に融合。味わい深さや素材の味を活かした空間に

洛 ｜ 建築事務所　ARCHITECTURAL OFFICE

築34年の古ビルのワンフロアを、デザイン、設計、施工を一貫して自社で行なう同社ならではの事務所に改修。鉄やモルタルの無機質でクールな素材と無垢フローリングやアンティーク家具などの味わいのある素材、それぞれの質感をいかしてシンプルにデザイン。グラフィックはHPのビジュアルイメージを核に、白とグレーを基調として余白を大切にした。

rakustyle@kyotolabo.com

CL, DF, SB: RAKU
AD[設計・デザイン]: 押谷 武(RAKU)
D[グラフィック], P: 園木圭一(RAKU)
PR: 川端龍樹(RAKU)

RAKU

代表
川端龍樹
Ryuji Kawabata

株式会社 洛
〒六〇一-八四二 京都市上京区下堀川町 [一五四] 一
エーワンチックビル三階
tel 〇七五-八一三-五〇一七
fax 〇七五-八一三-五〇一八
www.kyotolabo.com

tel 075-813-5017　fax 075-813-5018
xxxxxxxxxxxx@kyotolabo.com
mobile 000-0000-0000

RAKU

名刺

RAKU

施工データ

―――

設計	RAKU
施工	RAKU
築年	1984年
竣工	2017年
専有面積	約110㎡
設計期間	1ヶ月
施工期間	1ヶ月
工事費	－

Floor Plan

Before

RAKU

DM

スケッチブック

長い時間を過ごす場所だからこそ
住まいにいるような心地よさを追求

アートアンドクラフト 大阪オフィス＆ショウルーム ｜設計事務所 DESIGN OFFICE

打ち合わせスペース、オフィス、ショールームを兼ねた設計事務所。大きく広い窓が、明るさと広さを演出している。長い時間を過ごすオフィスという特性を考慮して、住まいのように居心地がよく、住まいと同じように使えることを第一に考え、建材や仕上げ、パーツなどは住まいのリノベーションでも人気のものを利用した。

www.a-crafts.co.jp

CL, SB: Arts＆Crafts
D: 徳和目育子
D［展覧会ブックレット］: 西村祐一（Rimishuna）
D［フリーペーパー］: 一野 篤
P: 平野 愛

Arts&Crafts

施工データ

設計	アートアンドクラフト	専有面積	154㎡
	（中谷ノボル / 岩田雅希）	設計期間	–
施工	アートアンドクラフト	施工期間	1ヶ月
築年	1972年	工事費	–
竣工	2009年		

Floor Plan

Before

>>> アートアンドクラフト

名刺

フリーペーパー

事例集

展覧会ブックレット

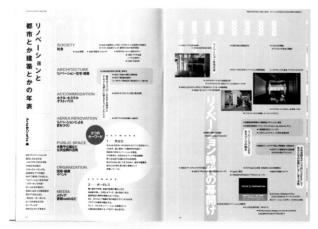

考えながら創り、創りながら考える場として、ファクトリーのような空間をイメージ

Dentsu Lab Tokyo | 広告業　ADVERTISING AGENCY

新しいクリエーションとソリューションの場「Dentsu Lab Tokyo」の専用スタジオ。打ち合わせや作業の場だけではなく、海外から招聘したアーティストのレジデンスや様々なワークショップなど、いろいろなカタチで活用。考えながら創り、創りながら考えるこの場は、元撮影スタジオという空間の特徴でもある高い天井を活かして、ファクトリーのような空間をイメージした。

dentsulab.tokyo

CL: Dentsu Lab Tokyo　CD: 菅野 薫　AD, D: 大来 優
PL, CW: 保持壮太郎　SB: オフィス・エコー

施工データ

設計	江本 響（オフィス・エコー）	専有面積	128㎡
施工	丹青社	設計期間	2ヶ月
築年	2002年	施工期間	1ヶ月
竣工	2015年	工事費	–

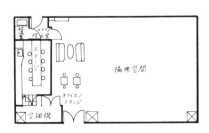

Floor Plan

Before

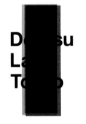

Taro Yamada
Chief Producer
xxxxxx@xxxxxx.co.jp
dentsulab.tokyo

名刺

シール

代官山店はコーヒーショップ風に、赤坂店には バーカウンターを。個性を際立たせて設計

THE SHOP BY URBANEST（代官山店／赤坂店）

不動産業
REAL ESTATE AGENT

ミドル層をコアターゲットにした不動産ブランドの支店のデザイン。赤坂店では2階建の構造を活かして契約や商談用の空間は2階に、1階にはバーカウンターを設けて潜在顧客が気軽に立ち寄れるよう設計。情報感度の高い立地の代官山店では、外構デザインと開口部を一体とするウッドデッキを設けてカフェのようなデザインに設計。それぞれの個性を際立たせた。

www.urbanest-a.com

CL: アーバネスト
CD: 豊田善治
AD: 佐藤竜馬
D: 高尾 漸
CW: 高野昂紀
P: 菊地晶太
DF, SB: パドルデザインカンパニー

| 代官山店 |

THE SHOP
BY URBANEST

施工データ

設計	ヴィス
施工	ヴィス
築年	–
竣工	2015年（代官山 / 赤坂）
専有面積	60㎡（代官山） 100㎡（赤坂）
設計期間	約2ヶ月（代官山 / 赤坂）
施工期間	約2ヶ月（代官山 / 赤坂）
工事費	–

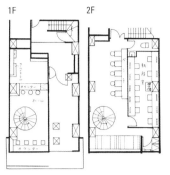

1F   2F

Floor Plan（代官山店）   （赤坂店）

Before（赤坂店）

| 赤坂店 |

ブランドブック

繊細で特殊な仕事だからこそ
色、採光にこだわったオフィスに

UNITÉ TOKYO │ 編集プロダクション　EDITING COMPANY

テレビ番組の映像編集等を行うオフィスをリノベート。仕事上、音の反響を考慮し壁に角度を付けた多面体の映像編集室を計画した。角度の付いた壁は光を反射するレフ板としても機能し、水平窓からの自然光を活かした明るいオフィスとなった。多面体の部屋と既存の躯体の間に表れる少しゆがんだ空間が、オフィスの印象を柔らかくし、各部屋をしなやかに繋げている。

CL: ビデオユニテ
AD, D: 井上麻那巳 (graf)
P: 増田好郎
DF, SB: graf
内装設計: 北里暢彦 (graf)

UNITÉ TOKYO

施工データ

設計	graf	専有面積	133㎡
施工	YeT	設計期間	3ヶ月
築年	1991年	施工期間	1.5ヶ月
竣工	2015年	工事費	1400万円

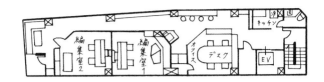

Floor Plan

Before

Room Liverpool ノンリニア

Room New York ノンリニア

元ネジ工場のレトロビルを、
ちょっと無骨でカッコいい楽しく働けるオフィスへ

eightdesign.co.jp

EIGHT DESIGN | 建築デザイン　ARCHITECTURAL DESIGN

「楽しむをデザインしよう！」をコンセプトに、リノベーションを専門に行なう建築デザイン事務所。
1F–2Fを自社のインテリアショップ「EIGHT TOWN」、3Fを執務スペースに。壁一面の黒板で
スタッフ間の情報共有、デスクはホワイトボードで電話メモや伝言、ミーティングに利用。随所に
アイデアが光るオフィスで、スタッフのモチベーションアップに繋げる。

CL, DF, SB: エイトデザイン

EIGHT DESIGN

エイトデザイン株式会社
■ DESIGN STUDIO
〒466-0064 名古屋市昭和区鶴舞 2-16-5 3F
TEL.052-883-8748　FAX.052-883-8758

http://eightdesign.co.jp/

MEITETSU Group

名刺

サブチーフグラフィックデザイナー

寺嶋 梨里
Risato Terashima

MAIL xxxxxxxxx @xxxxxxxxxxx.jp
MOBILE 000-0000-0000

8 EIGHT DESIGN

名刺

僕たちエイトデザインは、
ちょっと無骨だけど味のある住まいをつくる
リノベーション専門のデザイン事務所です。

エイトデザイン　名古屋　検索
http://eightdesign.jp/

EIGHT DESIGN

施工データ

設計	エイトデザイン
施工	エイトデザイン
築年	1973年
竣工	2017年
専有面積	170.05㎡
設計期間	2ヶ月
施工期間	1ヶ月
工事費	–

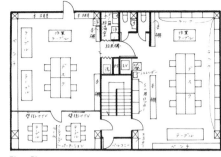

Floor Plan

Before

3F
EIGHT DESIGN OFFICE
MEETING SPACE

8 EIGHT DESIGN
DESIGN STUDIO

HOW TO RENOVATION

リーフレット

BEFORE 賃貸暮らし「7.7万円/月*」

AFTER リノベ暮らし「8万円/月*」

>>>

>>> EIGHT DESIGN

イベントフライヤー

イベントフライヤー

タブロイド

OFFICE DESIGN

オフィスデザイン案内

8 EIGHT DESIGN

事業案内

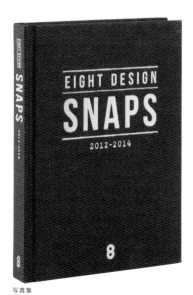

写真集

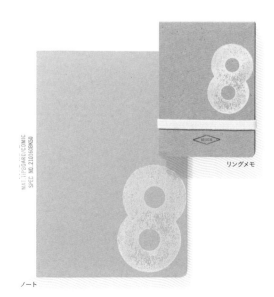

ノート

リングメモ

ペンケース

MEDIUM

希少植物や樹種を配置し、空間音響デザインを採用した、視覚と聴覚からの快適空間

COTO no BA

商談スペース兼
COTO tree HIBIYA KADAN ショールーム

流通・小売
DISTRIBUTOR / RETAILER

www.hibiya.co.jp

CL, CD, D, SB: 日比谷花壇

人が集い、リフレッシュ＆リラックスするだけでなく、アイデアやコミュニケーションを生み出せるオープンなオフィスを目指してリノベーション。パーテーションを取り外して高さの異なるテーブルを交互に並べ、希少植物や特別な樹種を配置。またビクターエンタテインメントのハイレゾ空間音響デザイン「KooNe」を採用、視覚と聴覚から質の高い快適空間を創り出した。

施工データ

設計	日比谷花壇	専有面積	–
施工	日比谷花壇	設計期間	–
築年	–	施工期間	–
竣工	2016年	工事費	

※配置や設置展示している植物は時期によって異なります。

Floor Plan

Before

リーフレット

3つの機能を1フロアで展開。
その時々の用途によってフレキシブルに使い分ける

COMMUNE／MEET.／PHYSICAL | デザイン事務所・クリエイティブサロン・カフェ建築設計
DESIGN OFFICE / CREATIVE SALON / CAFE DESIGN

デザイン事務所とクリエイティブサロン、カフェの機能を1フロアに設計。クリエイティブサロンの「MEET.」はイベント時にステージとして使用するため、足場板を積み上げたスペースをミーティングルームとして兼用できるようにデザイン。カフェ「PHYSICAL」は既存のスケルトン空間を活かして家具デザインに注力。カフェの奥をガラス間仕切りにしてオフィスを設けた。個室として使用したり、スペースレンタルやイベント時などに使用されることを想定している。

COMMUNE
www.commune-inc.jp
MEET.
www.meetmeetmeet.net
PHYSICAL
www.physical.cafe

CL, CD, AD, D, P, SB: コミューン
P［竣工写真］: 古瀬 桂

 COMMUNE© IVIEET.

PHYSICAL

施工データ

設計	mangekyo	専有面積	133㎡
施工	物井工務店	設計期間	1ヶ月（COMMUNE / MEET.）
築年	1964年		2ヶ月（PHYSICAL）
竣工	2014年（COMMUNE / MEET.）	施工期間	1ヶ月（COMMUNE / MEET. / PHYSICAL）
	2016年（PHYSICAL）	工事費	－

COMMUNE ── MEET. ── PHYSICAL

Floor Plan

| COMMUNE |

>>> COMMUNE / MEET. / PHYSICAL

| MEET. |

MEDIUM

| PHYSICAL |

「誰かさんち」ぐらいの居心地のよさと
程よい緊張感がコンセプトの一軒家型オフィス

北条SANCI │ コレクティブオフィス　COLLECTIVE OFFICE

鎌倉の鶴岡天満宮近くの築88年の古民家を改装。多種多様なクリエイターが入居し、彼らの新たな働き方のニーズに応えるコレクティブオフィス。床に着目して設計することで空間の機能を分け、そのレベル差の緩急が多様な目線を生み、豊かな自然と活気を感じられる場に。緩やかに繰り返される有機質と無機質のコントラストが空間の多様性さをコントロールしている。

CL, SB: 石
CD: 伊藤直樹
P: 長谷川健太
PR: 横石 崇
ロゴ: PARTY

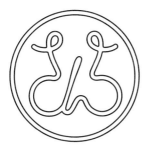

施工データ
———

設計	長坂 常（スキーマ建築計画）
施工	TANK
築年	1930年
竣工	2018年
専有面積	267.54㎡
設計期間	−
施工期間	−
工事費	−

100年の歴史をきざんだ古民家を
アンティーク感を残しつつリノベート

テラスカイ 上越サテライトオフィス｜IT企業　IT FIRM

IT関連企業テラスカイが新潟県上越市に開設したサテライトオフィス。雪よけのための雁木と呼ばれる軒先、天窓のある高い吹き抜けとそれに隣接する空間、奥行きの深さなどといった町家の特徴を活かしながら、オフィス空間へとリノベーションを行った。新旧の部位がコントラストを保ったまま共存する空間は、古いものも新しいものも受け入れる余白を生み出している。

www.terrasky.co.jp

CL: テラスカイ
ロゴデザイン: SIXDESIGN 中林賢治
P[オフィス写真]: 阿野太一
SB: トラフ建築設計事務所

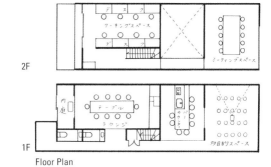

施工データ

設計	トラフ建築設計事務所	専有面積	183㎡
施工	清水組	設計期間	12ヶ月
築年	1880年代	施工期間	12ヶ月
竣工	2017年	工事費	–

2F

1F

Floor Plan

Before

経営企画部
ソリューション本部技術推進チーム
ソリューションスペシャリスト

寺田 空子
Sorako Terada

株式会社テラスカイ
〒103-0027
東京都中央区日本橋2丁目11番2号
太陽生命日本橋ビル16階
TEL 03-5255-3410（大代表）
FAX 03-5255-5130
Mail info@terrasky.co.jp
URL https://www.terrasky.co.jp

名刺

ステッカー

ボールペン

冊子

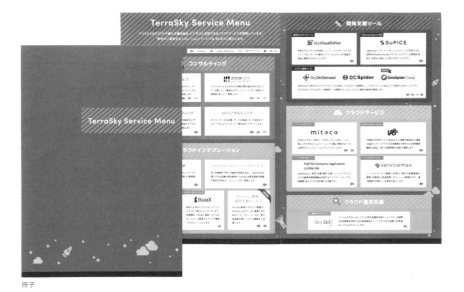

働く時間の豊かさやその環境について再考する
仕事と生活がゆるやかに混ざり合う空間

SUPPOSE DESIGN OFFICE「社食堂」| 建築設計事務所
ARCHITECTURAL DESIGN OFFICE

www.suppose.jp

オフィスと食堂が同居する新しいかたちの設計事務所。食事はすべての源という発想から生まれた「社食堂」。会社の食堂＋社会の食堂だ。あるときは食堂、会議の場、さらには一般の人も利用できるカフェ、ギャラリー、ライブラリー、ショップと、空間は目的によって変化する。プライベートとパブリックの境界を取り払った思いがけない空間は、豊かな建築の可能性を広げる作用を促す。

CL, P, SB: SUPPOSE DESIGN OFFICE
I[メニュー]: オカタオカ
P: 伊藤徹也

SUPPOSE DESIGN OFFICE Co.,Ltd.

施工データ

設計	SUPPOSE DESIGN OFFICE	竣工	2017年
施工	賀茂クラフト	専有面積	211㎡
	イシマル	設計期間	2ヶ月
	セットアップ	施工期間	4ヶ月
築年	1989年	工事費	–

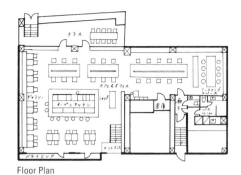

Floor Plan

Before

名刺

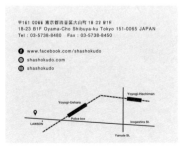

メニュー

「素材と色」をグラデーションさせ、
新・旧が混ざり合う空間に心地よさを与える

マイセット（綾瀬のオフィス）

自社ブランドキッチンの製造・販売
MANUFACTURE & SALES OF ORIGINAL BRAND KITCHENS

工場として使用していた一部をオフィスに改装。既存の建物を否定しない程度のデザインを心がけつつ、働く人が心地よいと感じる空間へ。既存躯体の「鉄」に「ガラス」「木」を用いて硬→柔へ、既存躯体の濃い灰色から新設した壁の淡い灰色へ、グラデーションしていくようにコンセプトを具現化。超軽量のジェラルミン製の照明器具が、「鉄」と「木」「ガラス」を結びつける。

myset.co.jp

CL: マイセット（担当：高橋 大）
DF［内装デザイン］,
SB: Bound About Project 荻 逃魚（N&C Architect）
P［竣工写真］: 塩谷 淳（exp）

マイセット株式会社

施工データ

設計	Bound About Project	専有面積	125㎡
施工	赤井工務店	設計期間	5ヶ月
築年	–	施工期間	3ヶ月
竣工	2016年	工事費	900万円

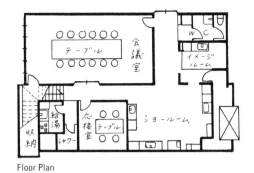

Floor Plan

Before

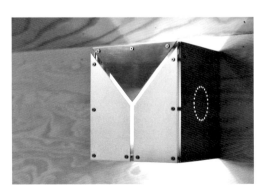

マイセット株式会社

マイセット 太郎

〒252-1108 神奈川県綾瀬市深谷上7-25-3
TEL：0467(76)8218 (代)
FAX：0467(76)8228
URL：http://myset.co.jp/

私たちは、横浜ビー・コルセアーズを応援しています

名刺

SOU
SERIES

Kitchen Cooking Face Ranning
       equipment material

6 × 5 × 13 × 4

MYSET

FEEL
THINK
DRESS
CREATE

フライヤー
（新作キッチン「SOU」）

同社のSNSサービスを活かしたノウハウを活用し、
低コストを実現したオフィスっぽくないオフィス

corp.roomclip.jp

ルームクリップ ｜ 住まいと暮らしのSNSメディア　SOCIAL MEDIA FOR HOME & LIFESTYLE

住まいと暮らし・ライフスタイルのSNSメディアを運営するルームクリップのオフィス。オフラインで集う場としてのリラックススペースは天井を抜いて開放感のある空間に。IKEAの袖机に、ブライワックスを塗った集成材の天板をのせたデスクは、スタッフが自宅で実践しているスタイル。シンプルで機能を優先した色を抑えた内装に、家とカメラをアイキャッチにした赤いロゴが映える。

CL, SB: ルームクリップ

RoomClip

施工データ

設計	トレイルヘッズ	専有面積	297.5㎡
施工	トレイルヘッズ	設計期間	2ヶ月
築年	–	施工期間	2ヶ月
竣工	2016年	工事費	–

Floor Plan

Before

代表取締役 社長
CEO

髙重 正彦
Masahiko Takashige

ルームクリップ株式会社

〒151-0051
東京都渋谷区千駄ヶ谷1丁目28番1号
住秀ビル2階

Kasyu Bldg. 2F, 1-28-1, Sendagaya,
Shibuya-ku, Tokyo, 151-0051, Japan

03-0000-0000

E-mail＠roomclip.jp

名刺

WEB

イメージは「デザイナーが集まる場所」。
クリエイターの仕事を活性化させる空間デザイン

www.paddledesign.co.jp

パドルデザインカンパニー ｜ 建築設計デザイン　ARCHITECTURAL DESIGN

ポートランドの「デザイナーが集まる場所」をイメージして設計されたブランディング・カンパニーの新オフィス。デスクは全て木材の材質を活かし、塗りと貼りだけで活用。スケルトンベースにラーチ板で造作したデザインルームはエンジンランプを一周させ、ミーティングルームはシェードランプとスポットライトで光度を確保。どの空間も快適な環境でクリエイティブを行えるデザインを目指した。

CL, SB: パドルデザインカンパニー
CD, PR: 豊田善治
AD: 高尾 漸
D: 杉浦亜季子
CW: 渡辺雅臣
P: 藤本賢一
DF: 川嶋洋平（川嶋洋平建築設計事務所）

paddle design company

施工データ

設計	川嶋洋平建築設計事務所
	川嶋洋平
施工	–
築年	–
竣工	2015年
専有面積	172㎡
設計期間	3ヶ月
施工期間	1ヶ月
工事費	2000万円

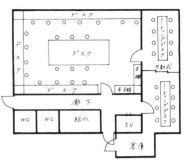

Floor Plan

paddle design company

パドルデザインカンパニー株式会社

HEAD OFFICE
〒107-0062 東京都港区南青山2-18-2 竹中ツインビルA-3F
T. 03-5411-2202 F. 03-5411-2203

BRANCH OFFICE
〒190-0022 東京都立川市錦町1-6-16 PADDLE WEST TOKYO BLDG.

www.paddledesign.co.jp

代表取締役
クリエイティブディレクター
豊田善治

Yoshiharu Toyoda
ooooooo@paddledesign.co.jp
090-0000-0000

名刺

自然の中で過ごすようにリラックスして作業できる、
心地よいオフィスデザインを体現

Avirity Information | サーバ運用保守・システム設計
SERVER OPERATION & MAINTENANCE / SYSTEM DESIGN

「自然の中でスタッフがリラックスして働ける空間」を目指すため、内装と家具、植物を組み合わせてデザインした。オープンスペースをガラスの間仕切りで視覚的に広がりを持たせ、スタッフの姿が見えることで緊張感と一体感を演出。植物をデスクの間に挟んでバランスを取ると共に視線を気にせず作業できる配慮もプラス。働く人が気軽に集まり、心地よく過ごせる空間を体現した。

a-info.co.jp

CL: Avirity Information
CD: 塩田久樹 (HITOBA DESIGN)
D: 山本紗有里 (HITOBA DESIGN)
DF: 蒲生和典 (GRAPHITICA)

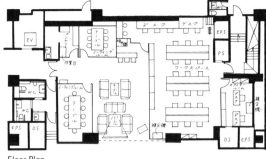

施工データ

設計	HITOBA DESIGN
施工	HITOBA DESIGN
築年	–
竣工	2018年
専有面積	198.347㎡
設計期間	3ヶ月
施工期間	–
工事費	–

Floor Plan

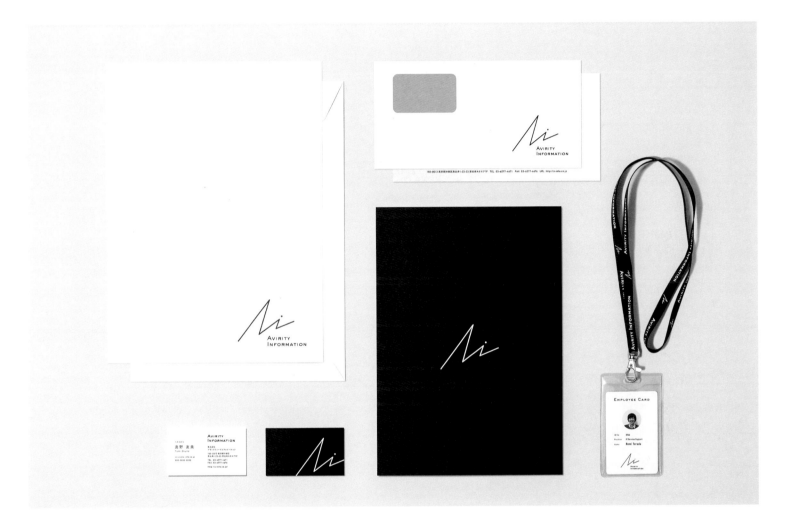

リーフレット

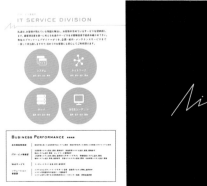

看板商品のモチーフを活かした間仕切り壁が
同社のアイデンティティを空間的に説明する

DAQ office
スマートフォンアクセサリーの企画・製造・販売
SMARTPHONE ACCESSORY DESIGN, PRODUCTION & SALES

デバイスケースブランドを運営する会社のオフィス。主力ブランドの「AndMesh」をモチーフにデザインし、パンチング状の穴のあいた間仕切り壁が空間を象徴する。すべての席に採光を確保するためワンルームのプランにし、キャラクターの異なる席を配置して単調にならないよう配慮。漫画喫茶サイズの籠もり席のパーティーションに使用した家具用のフェルトがユニーク。

CL: KOMORI / DAQ
アーキテクト: 元木大輔（DDAA）
グラフィックデザイン: 横田法哉（CANA）
アシスタントアーキテクト: 伊東鷹介（DDAA）
P: 長谷川健太（OFP）
SB: DDAA / CANA

施工データ
———

設計	DDAA
施工	古賀造
築年	1986年
竣工	2017年
専有面積	107.41㎡
設計期間	3ヶ月
施工期間	2ヶ月
工事費	–

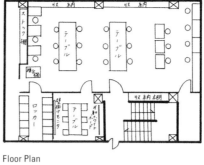

Floor Plan

Before

スマートフォンケース / 製品パッケージ

リーフレット

来訪者をもてなす特別な「ラウンジ」として設計し、
非日常的で贅沢な空間を演出

www.trco.jp

OFFICE T&R
太陽光発電・コンサルティング
SOLAR POWER GENERATION & CONSULTING

太陽光発電とそのコンサルティングを行う会社のオフィス設計。心がけたのは、「オフィス」という設えではなく来訪者をもてなす特別な「ラウンジ」にすること。オリジナルのスチールパーテーションや特徴的なタイルパターンを取り入れて重厚感を出し、作家ものの家具やマッキントッシュのオーディオを配置して、非日常的で贅沢な空間をつくり上げた。

CL: OFFICE T&R
SB: BLUE SALON

T R
Trading & Reuse Co.,Ltd

施工データ

設計	BLUE SALON
施工	BLUE SALON
築年	–
竣工	2015年
専有面積	165.2㎡
設計期間	2ヶ月
施工期間	1ヶ月
工事費	–

Floor Plan

Before

980-0811
宮城県仙台市青葉区一番町一丁目8番32号
TEL (022) 724-7120／FAX (022) 724-7721

チーフマネージャー
氏家 史典

T&R

名刺

封筒

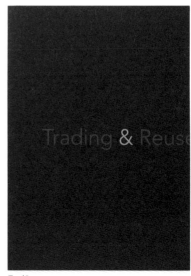

ファイル

「自分たちが楽しむ」社風を具現した
変化していく街を感じながら働くオフィス

INSIGHT & DIRECTION | 広告の企画制作
ADVERTISING PLANNING & PRODUCTION

新しい時代をつくる広告を目指す制作会社。ガラス張りの大会議室を中心に、個人のデスクはコンパクトにまとめてサードプレイスを充実。遊び心を大切にする独自の社風や働き方を反映させた。ライブラリー、カフェ、ソファ空間、卓球台などを設け、気分を切り替えながら創造性を発揮するオフィスに。エントランスからオフィス全体に続く赤のラインはコーポレートカラー。

www.insight.ac

CL: INSIGHT & DIRECTION
SB: ブルースタジオ

i INSIGHT & DIRECTION

施工データ

設計	ブルースタジオ	専有面積	279.7㎡
施工	礎コラム	設計期間	3ヶ月
築年	1990年	施工期間	2.5ヶ月
竣工	2015年	工事費	約3100万円

Floor Plan

Before

代表取締役
㈱インサイト・ディレクション
井上 裕一郎

http://www.insight.ac
E-mail:xxxxx@insight.ac
tel.03(6264)3201 fax.03(6264)3211

INSIGHT & DIRECTION
tel. 03(6264)3210(代表)
〒104-0045
東京都中央区築地4-5-9 築地安田第2ビル4F
@マンションマイスター
@ insight & direction

名刺

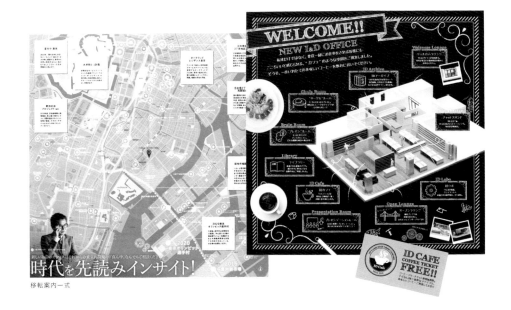

移転案内一式

オフィスの中心にアイランドキッチン！
従来のオフィスの枠には納まらない自由な広場

www.un-t.com

un-T factory! 名古屋オフィス｜WEBデザイン　WEB DESIGN

デジタル領域を中心とした企画・制作会社のオフィスは、気分や目的に合わせて使い方を切り替えられる自由で多機能。フロアの中心にはスタッフみんなが料理を楽しむアイランドキッチン、その向こうに明るい光が注ぐ執務スペース。休憩・団欒のための小さな和室も。「リラックス」⇔「集中」／「集合」⇔「分散」を具現した。

CL, DF, SB: アンティー・ファクトリー
CD: 中川直樹 / 水野可奈子
AD: 薄井智子 / 吉田憲三
D, I: 縣 千穂
CW: 堀田祐介
SB: エイトデザイン

名刺

クレド

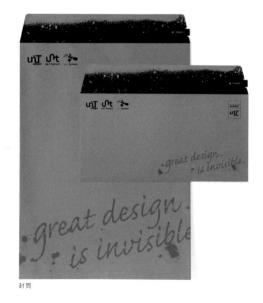

封筒

un-T factory!

施工データ
———
設計	エイトデザイン
施工	エイトデザイン
築年	1971年
竣工	2013年
専有面積	170㎡
設計期間	2ヶ月
施工期間	2ヶ月
工事費	–

Floor Plan

Before

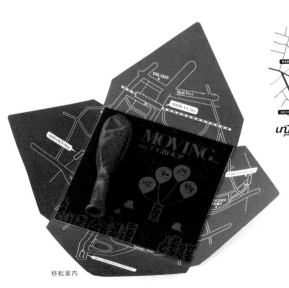

移転案内

年賀状

書庫兼食堂を多目的スペースへリノベーション
明るさとアンティーク感が融合する新しいオフィス

レタープレス｜総合印刷会社　PRINTING COMPANY

書庫と食堂が雑多にならないよう、明るく、解放感のあるオフィスへとリノベーション。コミュニケーションルームは廊下にコーヒーサーバーなどを設け、各部署のスタッフが集えるような気づかいを。木の格子や天井をあえてスケルトンにするなど、元書庫兼食堂だった暗さを払拭した。また、鉄やモルタルにアンティークの家具や印刷機材を合わせて、古くて新しいイメージを打ち出した。

www.letterpress.co.jp

CL: レタープレス
CD: 竹西康幸
AD: 政本貴啓
D: 今井雅晴 / 金澤千里
P: 足袋井竜也
SB: ハンクラデザイン

LETTERPRESS
Since 1891

代表取締役 社長 増田 達朗

レタープレス株式会社
〒739-1752 広島市安佐北区上深川町809-5　TEL 082-844-7500 / FAX 082-844-7800
携帯 000-0000-0000　aaaaaa@aaaaaaaaa.co.jp　https://www.letterpress.co.jp

名刺

会社案内

MEDIUM

LETTERPRESS

Academic × Artistic

施工データ

設計	ハンクラデザイン	専有面積	138.2㎡
施工	スタッフ		（2F アプローチから食堂）
築年	–	設計期間	–
竣工	2016年	施工期間	2ヶ月
専有面積	28.12㎡	工事費	–
（1F エントランス）			

1F　2F

Floor Plan

Before

想いをこめた大切なもの
ここから届けよう。

カード

コースター

LETTERPRESS
Since 1891
Gallery
Cafe

エコバック

LETTERPRESS
Academic × Artistic

ブランドコンセプトや町のイメージを什器へ反映し、
ものづくりへのこだわりを表現

jockric rebuild kamikaze ｜ 縫製業　TAILORING

クライアントは阿波徳島でワークウエアを提案する小さなメーカー。ブランドコンセプトと町のイメージをそのまま什器へと反映。古いコンテナを再利用した裁縫台やヘリンボーン柄にリメイクした古いテーブル、古い木製箪笥の引き出しを積み上げたディスプレイスペースなど古い建物の雰囲気を活かしつつ、生まれ変わった什器を配置。職人たちのものづくりへのこだわりを表現した。

www.jockric.com

CL: ジョックリック
I: 山内庸資（まねきねこ）
SB: Wrap

ショッパー

施工データ
———

設計	Wrap
施工	Wrap
築年	1998年
竣工	2017年
専有面積	110㎡
設計期間	3ヶ月
施工期間	1ヶ月
工事費	–

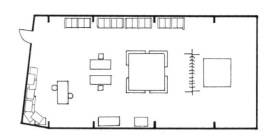

Floor Plan

タグ

タグ

包装

フライヤー

WORK WEAR

https://www.jockric.com/

"Ai no Sato" in Tokushima Prefecture "Tsukasa sewing" which started in 1980 based on Aizumicho.
He worked as a subcontractor for medical clothes and white clothes but closed in 2005.
In order to inherit the skilled skill and will of father's "Tsukasa sewing"
We will launch "Jockric" suggesting new work wear in 2013.
The concept of Jockric is "to work". If there are 100 jobs, there are 100 kinds of "work wear".
With functionality and standard design that fits each work style.
We are proposing "long-lasting" "work wear".
Craftsmen cherish the attitude of producing with one point and one point of focus.
We aim to make things that will not fade away over time, such as fads.

徳島県の「藍の里」藍住町を拠点に1980年に開業した「ツカサ縫製」。
下請けとして医療関係の白衣などを製作してきたが2005年に閉業。
父が歩んできた「ツカサ縫製」の熟練した技術と意志を受け継ぐべく、
新たなワークウェアを提案する「Jockric ジョックリック」を2013年にスタート。
Jockric のコンセプトは「しごと着」。100の仕事があれば、100通りの「しごと着」がある。
それぞれのワークスタイルに合った機能性とスタンダードなデザインで、
長く寄り添える「しごと着」を提案しています。
職人が、1点1点心をこめて生産する姿勢を大切にして、
流行など、時の経過によって色褪せることのないものづくりを目指しています。

常に変化するがコンセプト。
多様な業務にフレキシブルに活用できるコンテナオフィス

www.aab.co.jp

AAB | イベント企画制作会社　ADVERTISING PLANNING & PRODUCTION

海運用のコンテナを3台搬入し、それぞれを会議室・収納庫として利用。コンテナを土台に上部はオフィススペースと、デッキ使いのできるオープンライブラリーに。倉庫×鉄の箱というハードで力強い組合せだが、粗野になりすぎないよう、金物や水周り機器、家具等はデザインを重視したスタイリッシュなものを採用。「暑い寒いや多少の不便は甘受するのでオモシロイものを！」というオーダーでできたオフィスは、規格品ではありえない魅力的な空間に仕上がった。

CL: AAB
SB: Arts & Crafts

AAB

施工データ
―――
設計　　アートアンドクラフト
施工　　アートアンドクラフト
築年　　－
竣工　　2007年
専有面積　114㎡
設計期間　－
施工期間　2ヶ月
工事費　　－

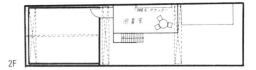
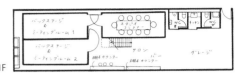

2F

1F

Floor Plan

Before

鈴木 一郎
Ichiro Suzuki

株式会社 AAB
〒530-0043 大阪市北区天満4-15-18
TEL 06-4801-9121　FAX 06-4801-9125
Mobile 000-0000-0000
E-mail xxxxxxxx@aab.co.jp
URL www.aab.co.jp

Osaka·Tokyo·Ho Chi Minh·Hanoi·Manila·Jakarta·
Singapore·Kuala Lumpur·Phnom Penh·Paris

名刺

AAB INC.
Osaka Office
4-15-18 Tenma, Kita-ku, Osaka 530-0043
TEL +81 6 4801 9121　FAX +81 6 4801 9125
Tokyo Overseas Project Office/ Planning Office
11-1-6-3 Irifune, Chuo-ku, Tokyo 104-0042
TEL +81 3 3206 1371　FAX +81 3 6280 3874
Tokyo Production Office
2F Nagasaki Bldg. 1-3-9 Irifune, Chuo-ku, Tokyo 104-0042
TEL +81 3 3206 1371　FAX +81 3 3206 1374

AAB Vietnam
Ho Chi Minh City Office
280A Nguyen Dinh Chieu Street, Ward 6, District 3, Ho Chi Minh City, Viet Nam
TEL +84 8 3933 3545
Hanoi Office
129 Truc Bach Street, Truc Bach Ward, Ba Dinh District,
Ha Noi City, Viet Nam
TEL +84 4 3928 9042

AAB Philippines
Unit 409 Cattleya Building 235 Salcedo Street, Legaspi Village Makati City,
Metro Manila Philippines
TEL +63 2 218 3635

AAB Indonesia
Jl. Panglima Polim V, no 62, Kebayoran Baru, Jakarta
TEL +62 21 2912 6386

AAB Asia SDN BHD (Malaysia)
Section 17, Jalan 19/29, Section 17, 46300 Petaling Jaya Selangor Malaysia
TEL +60 3 461 2491

AAB Singapore
27A South Bridge Rd, Singapore 058821

AAB Cambodia
No.122 Street Sothearos, Phum 08, Sangkat Tonle Basac,
Khan Chamkarmorn, Phnom Penh, Cambodia

Europe Contact Office

フリーアドレスのオフィス・ギャラリー・ミーティングルーム等、多様な使い方を想定したフレキシブルな空間

nextcommonslab.jp

HUMANS by Next Commons Lab

コンサルティング・企画制作・事業開発等
CONSULTING, PLANNING, & BUSINESS DEVELOPMENT

Next Commons Labは、様々な領域で活動するメンバーが集まり、地域リソースを発掘しながら、事業開発やコミュニティ運営によって新しい社会インフラの実現を目指すプロジェクト。当初、コワーキングスペースとして立ち上げたが、より多くの人が集うサロン／イベントスペースの役割を担う。ブックコンサルティングによる選書が並ぶ本棚、オリジナルの真空管アンプ、ARTEKの69チェアやkeviチェアといったセレクトした家具などが魅力的な空間を作り上げている。

CL, CD, AD: Next Commons Lab
D, SB: スタジオドーナツ
D[WEB]: ポート
音響設計: 小松音響
ブックセレクト: ブックピックオーケストラ
珈琲: オブスキュラコーヒーロースターズ

Next Commons Lab

施工データ	
設計	スタジオドーナツ
施工	–
築年	–
竣工	2018年
専有面積	130㎡
設計期間	3ヶ月
施工期間	2ヶ月
工事費	–

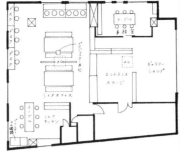

Floor Plan

Before

>>> HUMANS by Next Commons Lab

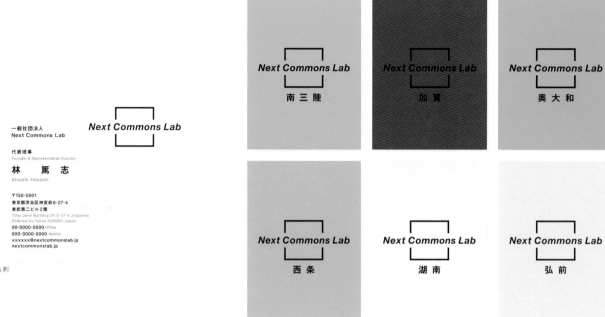

名刺

リーフレット

LARGE

モダン、シンプル、ナチュラル、多様な要望に応える 「ニュートラル」な視点を具現化

draft.co.jp

DRAFT 表参道オフィス／大阪オフィス ｜ 設計・デザイン・施工 DESIGN & CONSTRUCTION

インテリア・プロダクト・建築設計など空間創造に関わる総合的なデザインを提供するDRAFTのオフィス。デザインの中核となったのは「ニュートラル」という考え方だ。ラグジュアリーなフロアタイルに、スケルトン天井や木材、ネオンサインなどテイストの異なる要素をミックスさせた空間は、様々なデザイン表現や働き方のアイデアに溢れている。オフィスはプロダクトブランド201°（にひゃくいちど）のショールームも兼ねている。

CL, SB: DRAFT　CD: 山下泰樹
D（表参道オフィス）: 国頭希穂子
D（大阪オフィス）: 松永 航 / 片山恵一 / 曽我勇一 / 小林雅人
D［グラフィック］（表参道オフィス, 大阪オフィス）: 金子のぞ美
D［グラフィック］（表参道オフィス）: 吉高百音
P（表参道オフィス）: 遠藤 宏　P（大阪オフィス）: 塩谷 淳

| 表参道オフィス |

DRAFT® 1101°

施工データ

設計	DRAFT	専有面積	669㎡
施工	DRAFT	設計期間	–
築年	1995年	施工期間	–
竣工	2016年	工事費	–

2F 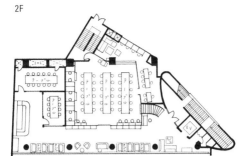 3F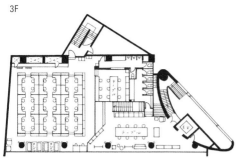

Floor Plan

>>> DRAFT

DRAFTの大阪オフィス。デザインは表参道オフィスを踏襲しつつ、レイアウトや色使い、ライティングの違い
を楽しんでいる。オフィスエリアを斜めに配置することで全体にメリハリをつけ、限られた1フロアのスペース
を最大限にオープンかつ機能的に活用している。そこに生まれる「余白」の空間にはアート作品やプロダクト
で彩りを添えている。表参道オフィス同様、201°のショールームの機能を持っている。

| 大阪オフィス |

LARGE

施工データ
———
設計	DRAFT
施工	DRAFT
築年	2002年
竣工	2018年
専有面積	218㎡
設計期間	–
施工期間	–
工事費	–

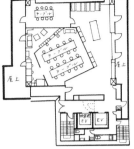

Floor Plan

Before

>>>

>>> DRAFT

会社案内

名刺

封筒

ステッカー

>>> 201°（プロダクトブランド）

ブランドカタログ

封筒

ステッカー

LARGE

キーワードは「接点」。オフィスに活気と多彩なシーンをもたらす汎用性と機能性を実現

モンスター・ラボ｜グローバルソーシング　GLOBAL SOURCING

「接点」をキーワードに、様々なワークスタイルを叶えるオフィス環境を目指した。ワークスペースにはカジュアルなコミュニケーション用のベンチやフォンブースを個人デスクと挟んで配置。床と天井の素材と色を変えることで、スタッフの意識の切り替えができるような配慮もプラス。オフィス内の様々な活動に対応できる汎用性と快適な機能性を実現した空間が完成した。

MONST★RLAB

monstar-lab.com

CL: モンスター・ラボ
P: © ナカサ＆パートナーズ　© Nacása & Partners
SB: フロート

施工データ

設計	FLOOAT
施工	–
築年	1997年
竣工	2018年
専有面積	991.12㎡
設計期間	6ヶ月
施工期間	2ヶ月
工事費	–

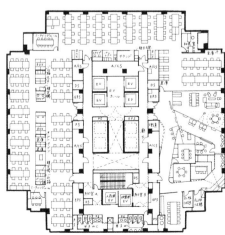

Floor Plan

ブランディング室　広報
依田 サラ舞香

株式会社モンスター・ラボ
〒150-0012 東京都渋谷区広尾1-1-39　恵比寿プライムスクエアタワー　4階
Tel:03-4455-7243 (代表)　Fax:03-6303-1671
Email: oooooooooo@oooooooooo.com
https://monstar-lab.com　https://www.seka-lab.com

MONSTAR LAB GROUP
東京 / 大阪 / 松江 / 成都 / 青島 / 上海 / 北京 / ハノイ / ダナン
シンガポール / ダッカ / セブ / マニラ / コペンハーゲン / オーフス
ロンドン / マンチェスター / アムステルダム / プラハ / バンコク / ベルリン

Branding/PR
SaraMaika Yoda

MONSTAR LAB GROUP
Ebisu Prime Square Tower 4F,1-1-39 Hiroo Shibuya-ku Tokyo 150-0012 JAPAN
Tel:+81-3-4455-7243　Fax:+81-3-6303-1671
Email: oooooooooo@oooooooooo.com
https://monstar-lab.com/global

OUR LOCATIONS
TOKYO / AARHUS / AMSTERDAM / BANGKOK / BEIJING / CEBU / CHENGDU
COPENHAGEN / DANANG / DHAKA / HANOI / LONDON / MANCHESTER
MANILA / MATSUE / OSAKA / PRAGUE / QINGDAO / SHANGHAI / SINGAPORE

名刺

多種多様な植物が空間を活性化し
企業文化を自然と共有できる場に

adastria.co.jp

アダストリア | 衣料品・雑貨等の企画・製造・販売
PLANNING / PRODUCING / RETAILING CLOTHES / SUNDRY GOODS

「GLOBAL WORK」や「niko and ...」など、20以上のアパレルブランドを展開するアダストリアの新オフィス。これまで接点のなかった社員が共通して利用する、エントランスとカフェテリアのデザインだ。エントランスはダークトーンで落ち着いた印象に。ゆったりと配されたソファで大人数の打合せにも対応。多彩な植物で溢れるカフェスペースには常に多くの社員が集まり、社内の活気を高める場になっている。

CL: アダストリア　CD: 山下泰樹　D: 中村嶺介 / 田村彩菜
D[グラフィック]: アダストリア マーケティング本部 クリエイティブチーム
P: 青木勝洋　SB: DRAFT

LARGE

ADASTRIA

施工データ

設計	DRAFT	専有面積	1,030㎡
施工	–	設計期間	–
築年	2011年	施工期間	–
竣工	2017年	工事費	–

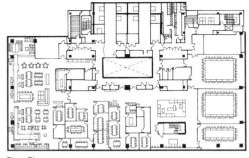

Floor Plan

Before

マーケティング部
Marketing Division

鈴木 一郎
ICHIRO SUZUKI

株式会社 アダストリア
〒150-8510 東京都渋谷区渋谷2-21-1
渋谷ヒカリエ29階
TEL:03 0000 0000 FAX.00 0000 0000
MAIL: adastria@adastria.co.jp
http://www.adastria.co.jp/

ADASTRIA CO.,LTD
2-21-1 SHIBUYA, SHIBUYA-KU, TOKYO 150-8510 SHIBUYA HIKARIE 27F

ADASTRIA

名刺

築40年の古い建物のいびつな空間やズレは
予想もつかない体験をもたらす空間へと変換された

takahashihiroko.jp

TAKAHASHIHIROKO STUDIO
デザイン・ギャラリー・ショップ
DESIGN / GALLERY / SHOP

着物を表現媒体とするアーティストのスタジオ。工場兼オフィスとして利用されていた鉄骨造の古い建物を、耐火被覆、構造補強など性能向上を施して改修。「売る」「見せる」というアウトプットから、「食べる」「考える」などのインプット、さらに「作る」というプロセスに至るまでも表現として捉えた場で、アーティストの思考を感じとってもらいたいとの思いを具現化。

CL, SB: TAKAHASHIHIROKO STUDIO
AD, D, I, CW, PR: 高橋理子
P: 川本史織

TAKAHASHIHIROKO INC.

施工データ
———

設計	長坂 常（スキーマ建築計画）	竣工	2014年
施工	アイガー産業（建築・内装）	専有面積	11,076.6㎡
	E&Y（家具）	設計期間	－
	日暮一允（菜園）	施工期間	－
	前芝良紀（植栽）	工事費	－
築年	－		

 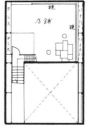 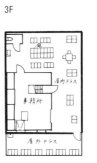

1F　　　2F　　　3F

Floor Plan

Before

>>>

>>> TAKAHASHIHIROKO STUDIO

LARGE

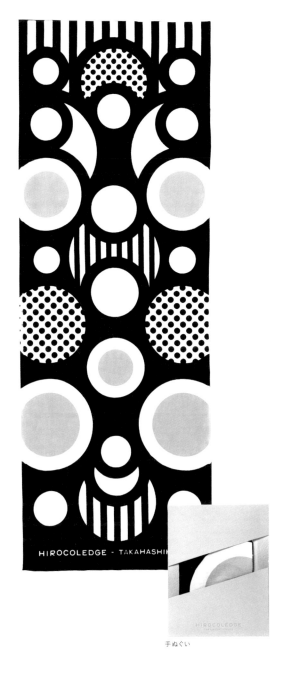

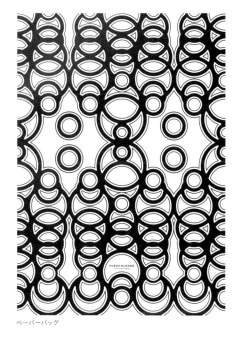

ペーパーバッグ

手ぬぐい

リーフレット

DM

封筒

DM

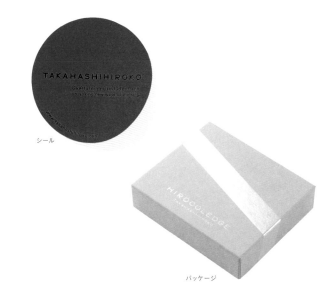

シール

パッケージ

「ファクトリー感のあるオフィス」をコンセプトに、未完成のイメージで空間を設計

www.donuts.ne.jp

Donuts | WEBサービス事業・ASP事業・モバイルゲーム事業
WEB, ASP, & MOBILE GAME SERVICES

デジタル事業を柱とする会社ではあるものの、人の手による「ものづくりの精神」が宿っていることから、工場をイメージして設計。無骨な工業製品やフローリング、コンクリート、モルタル壁を採用し、あえて未完成の雰囲気を残して仕上げた。円滑なコミュニケーションやディスカッションが図れるゾーニングを目指し、機能面と快適さを両立するコーディネイトを行った。

CL: Donuts
P: 高山幸三 / Kozo Takayama
SB: フロート

Donuts

施工データ

設計	FLOOAT
施工	SPD明治
築年	2002年（竣工当時）
竣工	2015年
専有面積	1,536㎡
設計期間	4ヶ月
施工期間	3ヶ月
工事費	－

Floor Plan

Donuts

T
F
M

株式会社Donuts
151 0053
東京都渋谷区代々木2-2-1
小田急サザンタワー8F

www.donuts.ne.jp

名刺

小路の倉庫群を再生するプロジェクトで
空き家再生の拠点「リノベーション基地」が誕生

東町ベース │ シェアオフィス　SHARED OFFICE

リノベーションに関わる様々な業者がそれぞれのスキルを横断的に活かした取り組みを行なうグループ「CAMP不動産」による「SHINKOJIプロジェクト」の一つ。長野市の善光寺門前、かつての問屋街の一角にある新小路の元文具卸売会社の倉庫群4棟を対象とし、ショップやアトリエ、オフィスなどが集り新たな街へ再生した。その東町ベースの2階がプロジェクトのコアとなるオフィス。

CL: MY ROOM
SB: シーンデザイン建築設計事務所

不動産会社と建築事務所

撮影: Koji Nakao

ラウンジ

施工データ

設計	シーンデザイン建築設計事務所
施工	MY ROOM
築年	1970年代
竣工	2014年
専有面積	561.80㎡
設計期間	6ヶ月
施工期間	6ヶ月
工事費	—

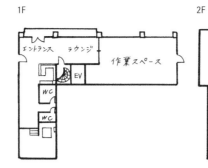

1F
エントランス　ラウンジ　作業スペース

2F
共有スペース　不動産会社　建築事務所　"グラフィック"デザイン会社

Floor Plan

Before

グラフィックデザイン会社

撮影：Koji Nakao

Scene Design

2008

2017

Chu-CAR BOX 30中島店

MON marushime

施工実績

旧旅館の建物をリノベーションし
「アソビ」と「マナビ」の場として再生

アソビズム 長野ブランチ飯田館／横町LABO | ゲームの企画・開発・販売など
VIDEO GAME DEVELOPMENT & SALES

asobism.co.jp

CL: アソビズム
SB: シーンデザイン建築設計事務所

スマートフォンやソーシャルゲームの企画運営をする制作集団アソビズムの長野支社。長野ではICT共育事業「未来工作ゼミ」を行っている。地元に溶け込み、地域と調和した空間を実現。空気を汚さない輻射冷房システムの導入、場所に応じた間接照明など、十分な快適性も加味。随所にアソビ心が溢れ、遊びから生まれる仕事を第一に考えるオフィス。CAMP不動産が手がけた。

| アソビズム 長野ブランチ飯田館 |

LARGE

あ アソビズム

施工データ

設計	シーンデザイン建築設計事務所	専有面積	283.41㎡
施工	MY ROOM	設計期間	1年
築年	–	施工期間	1年
竣工	2014年	工事費	–

1F　2F

Floor Plan

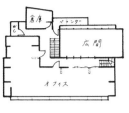

Before

VOL.01

CAMP REAL ESTATE
PROJECT GUIDE BOOK

CAMP不動産のプロジェクトガイド

【CAMP不動産】不動産会社のマイルーム、シーンデザイン建築設計事務所、マンズデザイン、ナノグラフィカ、Mako.
pen&paperが中心となり、様々な事業者がそれまで各々が携わってきたリノベーションやその周辺にまつわる事柄
に対して、それぞれのスキルを横断的に生かした取り組みを行っている。主に空き家再生等を中心に行う。

>>> アソビズム

施工データ

設計	シーンデザイン建築設計事務所	設計期間	3ヶ月（第一期）
施工	千広建設		1ヶ月（第二期）
築年	1970年代	施工期間	3ヶ月（第一期）
竣工	2017年（第一期）/ 2018年（第二期）		3ヶ月（第二期）
専有面積	486.87㎡	工事費	–

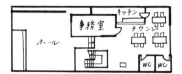

Floor Plan　　2F / 1F

Before

| アソビズム　横町LABO |

前ページに続くアソビズムの長野の新しい拠点として、築40年の鉄骨3階建ての元家具倉庫をリノベーション。
オフィスの他、子どもたちがモノづくりを楽しめる秘密基地のような場としても利用されている。

撮影: Koji Nakao

フライヤー

同社の家創りの考え方を具現化したショールームを併設。素材にこだわり経年変化を味わう

NENGO ショールーム
建築・不動産業
CONSTRUCTION / REAL ESTATE

「100年後の街つくり」をミッションとする建築・不動産会社NENGOの本社。元倉庫を二度にわたるリノベーションでオフィス兼ショールームに。1階は同社が取り扱うPORTER'S PAINTSの調色工房。2階のオフィスは一部ショールームに。会議室は度々ワークショップ会場へと変貌し、壁面はPORTER'S PAINTSの塗装体験に利用されている。

NENGO

nengo.jp

CL, SB, D: NENGO
DF[会社案内]: あちらべ

Floor Plan

施工データ

設計	NENGO
施工	NENGO
築年	1973年
竣工	2006年（第一期）
	2013年（第二期）
専有面積	600.16㎡
設計期間	–
施工期間	1ヶ月
工事費	–

Before

会社案内

壁のない風通しのよい空間に仕上げ、
スタッフ間の活発なコミュニケーションを促す

リブセンス｜IT・不動産　IT / REAL ESTATE

インターネットメディアを運営する会社のオフィス改修。既存のオフィスから、より多様なワークスタイルを可能にするオープンなワークスペースを充実させることで、活発なコミュニケーションを促す空間を目指した。イメージしたのは17〜18世紀のギャラウェイ・コーヒー・ハウスの現代版。汎用性を持たせた空間づくりにより、イノベーションを加速させるオフィスを実現。

www.livesense.co.jp

CL: リブセンス
P: © ナカサ＆パートナーズ　© Nacása & Partners
SB: フロート

LIVESENSE

施工データ

設計	FLOOAT	専有面積	1,387㎡
施工	–	設計期間	6ヶ月
築年	2013年	施工期間	2ヶ月
竣工	2017年	工事費	–

Floor Plan

Before

代表取締役社長

村上 太一
Taichi Murakami
xxxxxxxx@xxxxxxx.co.jp

株式会社リブセンス
〒141-0021 東京都品川区上大崎 2-25-2 新目黒東急ビル 5F
Tel. 03 6275 3330 Fax. 03 3490 1851
http://www.livesense.co.jp/

名刺

三角形の躯体を活かしてデザインし、
スタッフが気軽に集まれるHUBスペースも設置

cyberconsultant.co.jp

サイバーコンサルタント | インターネット広告代理業務
INTERNET ADVERTISING FIRM

濃い木目に石材やモルタル、金網などの無機質なマテリアルを組み合わせて、インダストリアルな
イメージで構成。三角形の躯体を活かし、エントランス、ワークスペース、リフレッシュスペースと、
個々のメインスペースをつなぐようにデザインした。またオフィスの中心にカウンターを配置し、ス
タッフが気軽に集まれるHUBスペースとしての役割を担うなどの配慮も加えている。

CL: サイバーコンサルタント
CD: 小西基之(HITOBA DESIGN)
D: 小川暢人(BROOK)

CYBER CONSULTANT

施工データ

設計	HITOBA DESIGN
施工	HITOBA DESIGN
築年	–
竣工	2017年
専有面積	330.57㎡
設計期間	2ヶ月
施工期間	1.5ヶ月
工事費	–

CYBER CONSULTANT

名刺

封筒

「夢が膨らむ場所」をコンセプトに、
"街"をイメージした空間で発想力を喚起

ゼネラルリンク | メディア運営・WEBプロモーション・人材紹介事業など
MEDIA MGT. / WEB PROMOTION / HR

社員の夢＝WANTの力を大切にしながら「1000年続く社会機関を創る」というビジョンを体現するオフィスは、"街＝様々な社会機関が集う街"がテーマ。非日常的なエントランスやフリースペース、異なるコンセプトの個室や社内バーなど、雰囲気の異なる空間でいつもとは違う切り口のアイデアが生まれる場、社員同士が繋がり新たな夢が広がる場をつくりこんだ。

general-link.co.jp

CL, SB: ゼネラルリンク
D[コアバリューブック, コースター, パンフレット, コーポレートサイト],
ディレクション[ジオラマ]: 佐瀬清美(ゼネラルリンク)
D[人事用名刺]: 冨田 祐(ゼネラルリンク)
D[コーヒーカップ], イラスト[コーポレートサイト, 名刺]:
イェドゥ慈安デニ(ゼネラルリンク)

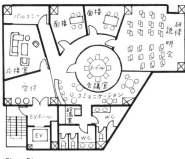

施工データ

設計	フロンティアコンサルティング
施工	フロンティアコンサルティング
築年	1992年
竣工	2015年 / 2016年
専有面積	約545.5㎡（第一期） 約892.5㎡（第二期）
設計期間	－
施工期間	－
工事費	－

Floor Plan

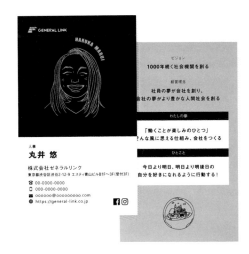

名刺

コアバリューブック

パンフレット

コースター

コーヒーカップ

コーヒーカップ

内装は常に変化できるよう未完成に仕上げ、移転前の家具を空間に合わせてカスタマイズ

ディジティ・ミニミ │ インターネット技術コンサルテーション　INTERNET CONSULTATION

ディジティ・ミニミが移転するのを機に新オフィスをリノベーション。常に変化し続ける余地を残すため、インテリアを完成形にせず、あえて未完成の状態でカスタマイズできる空間に仕上げた。移転前のオフィスの家具をそのまま持ち込みながら、それらを新しい空間に合わせて少しずつカスタマイズすることで、生まれ変わったオフィスに溶け込む家具へと変身させた。

digitiminimi.com

CL: ディジティ・ミニミ
P: 長谷川健太 / OFP
SB: POINT

施工データ

設計	POINT
施工	TANK
築年	–
竣工	2014年
専有面積	530㎡
	(2F: 265㎡, 3F: 265㎡)
設計期間	6ヶ月
施工期間	1.5ヶ月
工事費	–

3F

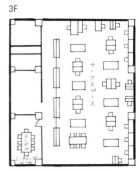

Floor Plan

Before

山田 太郎

株式会社ディジティ・ミニミ
150-0046
東京都渋谷区松濤2-11-11
松濤伊藤ビル

digitiminimi

Shoto Ito Bldg. 2-11-11, Shoto,
Shibuya, Tokyo, 150-0046, Japan
T +81(0) 3 5465 1606
F +81(0) 3 5465 1607
https://digitiminimi.com/

Taro Yamada
Example Dept.
info@digitiminimi.com
080 0000 0000

名刺

封筒

モードごとに働く空間が選べる
「屋根のある公園のようなオフィス」がコンセプト

Un.C. –Under Construction– │ シェアオフィス　SHARED OFFICE

完成形ではなく、常に変化するという意味を込めた「Under Construction」。多様な人が利用するシェアオフィスとなるため、開放的な空間であることを心がけた。コンセプトに基づきシーンやモードごとに可動できるファニチャーもまるで公園のような雰囲気だ。産業廃棄物を利用したオリジナルの家具「THROWBACK」がこのオフィスの世界観を作り上げている。

CL: 三菱地所レジデンス
D: 大橋一隆（Open A）
建築設計: 馬場正尊 / 平岩祐季 / 福井亜啓（Open A）
SB: Open A

Un.C.

Under Construction

施工データ

設計	オープン・エー	専有面積	445.09㎡
施工	三和建設	設計期間	5ヶ月
	モダンアパートメント	施工期間	6ヶ月
築年	1986年	工事費	–
竣工	2016年	ビル名	ザ・パークレックス日本橋馬喰町

Floor Plan

Before

ショップカード

マグカップ

クリエイターたちが空間をカスタマイズできるよう、ラフに仕上げた開放的なメインフロア

wktokyo.jp

ワイデン＋ケネディトウキョウ ｜ 広告代理店　CREATIVE AGENCY

広告代理店、ワイデン＋ケネディ トウキョウのオフィス。ワンルームの開放的で見渡しやすいワークスペースは、クリエイターが自由に使いこなせるよう造り込みすぎず、資材を活かしたラフでハードな仕上がりを目指した。壁はあえて下地のフレームを露出させ、照明フレームには吊り下げることが可能な造りにし、後から空間をカスタマイズできる設定とした。

CL: ワイデン＋ケネディ トウキョウ
SB: POINT

Wieden + Kennedy⁺

施工データ
———
設計　　　POINT
施工　　　バター
築年　　　−
竣工　　　2012年
専有面積　400㎡
　　　　　（2F: 200㎡, 3F: 200㎡）
設計期間　4ヶ月
施工期間　2ヶ月
工事費　　−

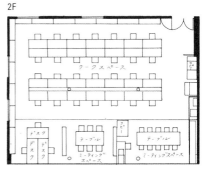

Floor Plan

佐藤 早苗
PRスペシャリスト
Sanae Sato
PR Specialist

000 0000 0000
wwwww@wk.com

Wieden
Kennedy⁺

カード

Wieden
Kennedy⁺

ワイデン+ケネディ トウキョウ
1-7-13 Kamimeguro, Meguro-ku
Tokyo 153-0051 Japan

03 5459 2800
Fax 03 5459 2801

名刺　　　　　　　　　　　　　　封筒　　　　　　　　　　　　封筒

型破りのアイデアでワクワクする二つのオフィス。
固定概念にとらわれない働き方を実践する

テニテオ 名古屋オフィス／東京オフィス | WEBサービス・出版事業・広告代理業
WEB DESIGN / PUBLISHING / ADVERTISING

「きっかけをクリエイトしよう」がコンセプトの制作会社。本社オフィスのテーマは「街」。スペースごとにドアや照明、部屋のカラーを変え、様々な事業を展開する同社の社風をかたちに。東京オフィスで目を引くのは6.7m四方の土俵サイズのデスク。社員が一丸となれる仕掛けと、空間を具現。ロゴは積木がモチーフでスタッフ個々の力が会社を創り上げることを表現した。

teniteo.co.jp

CL, DF[名刺, ブランドブック, ショッパー], SB: テニテオ
DF[会社ロゴ, 封筒, ステッカーシート, ハブラシ, マグネット, キーホルダー, Tシャツ, パーカー]: アフリカデザイン
SB: エイトデザイン

| 名古屋オフィス |

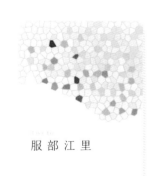

服部江里

株式会社テニテオ
aaaaa@aaaaa.co.jp 000-0000-0000

TENITEO

事業内容
WEB.APPサービスの企画開発運営・出版事業
編集・ライティング・デザイン・撮影, 広告代理業 etc.

事業所
〒980-0821
宮城県仙台市青葉区春日町7-32 パセオビル5F
TEL: 022-713-8566 FAX: 022-713-8567
〒153-0042
東京都目黒区青葉台1-25-13 グランテュオ中目黒3F
TEL: 03-6412-8675 FAX: 03-6412-8676
〒460-0008
愛知県名古屋市中区栄1-31-41 大井ビル5F
TEL: 052-212-2711 FAX: 052-212-2721
〒530-0022
大阪府大阪市北区浪花町12-24 赤坂天六ビル4F
TEL: 06-6371-2444 FAX: 06-6371-3444

teniteo SHOP Maker's Pier
〒455-0848
愛知県名古屋市港区金城ふ頭2-7-1
TEL: 052-387-5582 FAX: 052-387-5586

名刺

LARGE

TENITEo

施工データ
———

設計	エイトデザイン	専有面積	645㎡
施工	エイトデザイン	設計期間	2ヶ月
築年	1975年	施工期間	1.5ヶ月
竣工	2015年	工事費	–

Floor Plan

Before

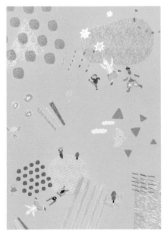

封筒

ステッカーシート

ハブラシ

マグネット

キーホルダー

>>> テニテオ

| 東京オフィス |

ブランドブック

ショッパー

LARGE

施工データ
―――
設計	エイトデザイン
施工	エイトデザイン
築年	2016年
竣工	2017年
専有面積	107.42㎡
設計期間	2ヶ月
施工期間	1.5ヶ月
工事費	―

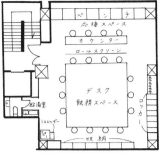

Floor Plan

Before

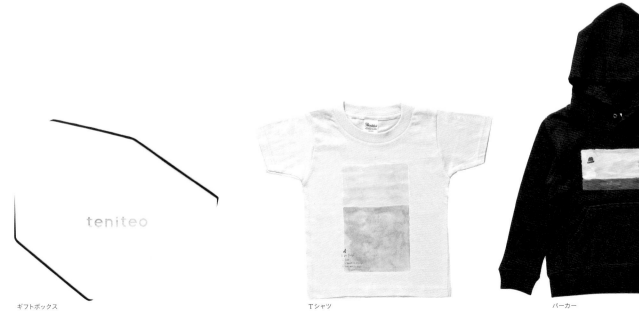

ギフトボックス

Tシャツ

パーカー

開放的なショールームを併設した明るい執務拠点と
倉庫に木の温かみを加味した物流かつ創造の拠点

koeki-net.com

弘益 本社／稲沢配送センター | オフィス家具・ホーム家具・別注家具の企画・輸入・製造販売
OFFICE & HOME FURNITURE DESIGN, IMPORT, & SALES

家具の企画開発・輸入・製造・販売などを手がける会社。本社の1階はショールーム兼カフェ。2階を執務スペースに。導線を整理して使い勝手を改善、ガラスのパーティーションで見通しもよくし、コミュニケーションを誘発した。商品開発のクリエイティブ部門の拠点を兼ねた配送センターは、無機質な倉庫の中に温かみのある木のハコを造作。楽しくワクワクする商品を発信する場に。

CL, SB: 弘益
SB: エイトデザイン

| 本社 |

名刺

COMPANY
PROFILE

http://www.koeki.com

会社案内

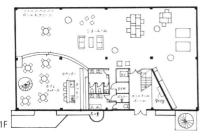

KOEKI
OFFICE AND HOME FURNITURE

施工データ

設計	エイトデザイン	専有面積	1,152㎡
施工	エイトデザイン	設計期間	3ヶ月
築年	1989年	施工期間	6ヶ月
竣工	2014年	工事費	－

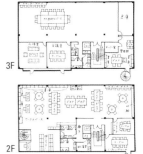

Floor Plan

3F
2F
1F

Before

>>>

ブランドブック

>>> 弘益

施工データ

設計	エイトデザイン
施工	エイトデザイン
築年	–
竣工	2016年
専有面積	330㎡
設計期間	1.5ヶ月
施工期間	2ヶ月
工事費	–

Floor Plan

Before

| 稲沢配送センター |

配送センター兼、商品開発を行うクリエイティブ部門の拠点をリノベーション。無機質な倉庫の中に温かみのある木の
ハコを設置。ハコの中には、窓辺の休憩スペース、キッチン、ライブラリー、ミーティングルーム、フリーアドレスのデス
クを配置し、ワクワクする商品を発信する、創造の拠点・物流の拠点となった。

製品カタログ

LARGE

外観デザインはシンプルさと力強さ、
コミュニケーションスペースは心地よさを重視

鎌ケ谷巧業 白根第二工場 | 建築部材の設計・加工
DESIGN & FABRICATION OF BUILDING MATERIALS

クライアントは建築用鉄骨の製造・据付工事を手がける「鎌ケ谷巧業」。新潟に白根第二工場が新設されるにあたり、外観デザインをプロデュース。企業理念を体現すべく、シンプルながらも力強いデザインに設計。また同時にコミュニケーションスペースのデザインも手がけ、スタッフはもちろん、工場を訪れる関係者にとっても心地よい空間になるよう、落ち着いた内装に仕上げた。

www.kamagayakogyo.co.jp

CL: 鎌ケ谷巧業　　CD: 豊田善治
AD: 佐藤竜馬　　D: 高尾 漸
CW: 高野昂紀　　P: 菊地晶太
DF, SB: パドルデザインカンパニー

施工データ

設計	—	専有面積	—
施工	—	設計期間	—
築年	—	施工期間	—
竣工	—	工事費	—

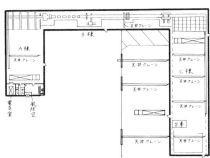

Floor Plan

手を集め、技を磨く。

鉄に、いのちを吹き込む手

ブランドブック

ワンルームの広さ感を生かしつつ
温かみのある木の格子が様々なシーンに対応

www.1-10.com

1→10 京都オフィス │ クリエイティブスタジオ　CREATIVE STUDIO

クリエイティブスタジオ 1→10 (ワントゥーテン) のオフィス。460㎡ほどのワンフロアに、ワークスペース、ミーティングルーム、ギャラリーや、休憩のための和室など、多種の用途を内包する。棚としても使える木の格子が各用途を緩やかに仕切りながらも、フロア全体につながりをもたせている。壁でありまた家具でもあるこの格子は、様々な行為のきっかけを与える背景のような役目を持ち、今後の変化にも柔軟に対応することが出来る。

CL: ワントゥーテン
P[オフィス写真]: 阿野太一
SB: トラフ建築設計事務所

名刺

ステッカー

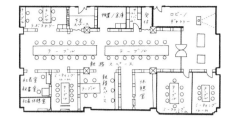

施工データ

設計	トラフ建築設計事務所
施工	イシマル
築年	1938年
竣工	2011年
専有面積	462.6㎡
設計期間	5ヶ月
施工期間	2ヶ月
工事費	–

Floor Plan

Before

封筒

マグカップ

ペットボトル

ショッパー

未来のビジネスフレンドとつながる場。
利用者の距離感が近くても心地よい居場所に

league-brands.jp

LEAGUE銀座 | コワーキングスペース　COWORKING SPACE

ビジョンを共有する個性が隣り合い、ネットワークを生み出す場であるコワーキングスペース。カフェカウンターがレセプション、客席がロビー、オフィスにある要素がカフェに近い対話型の空間に置換される。家具や什器は色合いを揃えながら、異なる木種やファブリックを組み合わせて構成。空間構成から素材の使い方まで、個の集合体にふさわしい様相を生み出している。

CL, PR, DR: UDS
D: 松井 亮
P: ナカサ＆パートナーズ
ロゴ・サイン: 寒山 / 助川 誠 (SKG)
DF, SB: 松井亮建築都市設計事務所
SB: ペントノート

リーフレット

LEAGUE

施工データ

設計	松井亮建築都市設計事務所
施工	–
築年	2002年
竣工	2013年
専有面積	720㎡
設計期間	6ヶ月
施工期間	2ヶ月
工事費	–

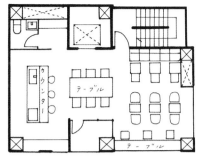

Floor Plan

Before

LEAGUE JOURNAL

2018 Apr. / vol. 01

INBOUND × WORK STYLE

SPECIAL INTERVIEW

どこへ行っても自分の価値を
発揮できる働き方がしたい！

世界28カ国を巡って感じた「日本の魅力」をビジネスに

キャパシティを広げてもっとたくさん働きたい

よい仕事をするためにつながりを作る

同じ変化を共有しながら自分らしい働き方をめざす

EVENT REPORT

**32のパターンを通して企画の立て方を学ぶ
『プロジェクト・デザイン・パターン』ラボを開催しました**

参加ゲストから企画の立て方を学ぶ

自分なりの企画の哲学をつくる

ジャーナル

執務スペースとミーティングスペースを分けず、
リビングのような居心地の良い空間で自由な発想を

Plan・Do・See Inc.
レストラン / バンケット / ホテル等の運営、企画
RESTAURANT, BANQUET, HOTEL PLANNING & MANAGEMENT

部署の垣根が無い、ワンフロアを広く使った明るいオフィス。エリアごとに天井の色やラグ、壁の色を変えることで遊び心のある空間に。オフィスの家具は買い足しながら愛着を持って使用しているものが多く、社長が世界各国を旅して見つけたアート作品がフロアにちりばめられている。クリエイティブで新しいことを生み出すためのミーティングが多いため、様々なアイデアが出しやすい環境づくりを心がけている。

www.plandosee.co.jp

【ブランドブック】CL, PR, SB: Plan・Do・See Inc.
AD, D: 永田武史(enudesign Co. ltd.)
I: ゼレナク・シャンドル　CW: 佐藤康生　P: 浜崎昭匡
P[料理]: 花渕浩二　Dir: PARADOX Corp.
【新卒採用パンフレット】CL, SB: Plan・Do・See Inc.
CD: 沖 祐子(マガジンハウス)　AD: 林 しほ
CW, DR: 森田範彦　CW: 吉田 愛　P: 瀬尾直希 /
中里慎一郎 / 長谷川 梓　PR: 松本和也(マガジンハウス)
【名刺】CL, CD, AD, D, SB: Plan・Do・See Inc.

名刺

Plan·Do·See Inc.

施工データ

設計	A.N.D.		専有面積	446㎡
	(produced by Plan·Do·See Inc.)		設計期間	3ヶ月
施工	天然社		施工期間	2ヶ月
築年	2004年		工事費	5000万円
竣工	2011年			

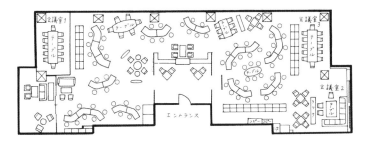

Floor Plan

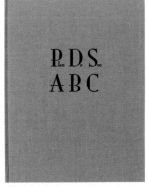

ブランドブック

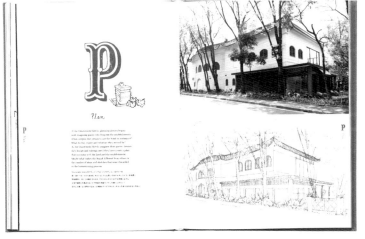

新卒採用パンフレット

広々とした屋上デッキスペースも備えた
快適なワークバランスを考えたオフィス

ティティアール設計 | 建築設計事務所　ARCHITECTURAL DESIGN OFFICE

建築の構造デザインを専門とする設計事務所のオフィス。構造設計はあまり表に出ない仕事なので、デザインされた素敵なオフィスでカッコウよく働けたら意識も変わるのでは、との思いを形に。椅子や照明など、所々に本物の良さを味わってもらいたいとの思いを反映。広いワークスペースの他、キッチンスペース、スタッフのリラックススペースも充実している。

t-t-r.jp

CL: ティティアール設計
D[建築]: 高橋めぐみ
SB: ひだまり不動産

施工データ

設計	ひだまり不動産
施工	ひだまり不動産
築年	1971年
竣工	2013年
専有面積	328.5㎡
設計期間	3ヶ月
施工期間	4ヶ月
工事費	–

Floor Plan

名刺

株式会社ティ・ティ・アール設計

代表取締役 一級建築士

多田羅 健二
Kenji Tatara

【本　社】〒760-0013　香川県高松市扇町1丁目25-52
TEL 087-816-6906　FAX 087-816-6907
【関東事務所】〒216-0004　神奈川県川崎市宮前区鷺沼2丁目13-17-103
TEL 044-982-0288　FAX 044-982-0299
【博多事務所】〒812-0011　福岡県福岡市博多区博多駅前4-7-5-301
TEL 092-710-4130　FAX 092-710-4131
E-Mail aaaaa@aaa.jp　URL http://t-t-r.jp/　Mobile 000-0000-0000

様々なスタイルを倉庫という一つの大空間に作り、
お客様の好みを見つけ出しやすい環境をデザインした

www.cdw88.co.jp

CURIOUS design workers 一級建築士事務所 | 建築設計デザイン
ARCHITECTURAL DESIGN

「好奇心」をデザインする建築デザイン事務所。オフィスの入り口は好奇心を表現したピンクのドアで、扉の先に広がる世界への期待感を高める役割を持たせた。テイストの異なる空間や、ちょっと笑いをもたらすアクセントを取り入れた脱力した空間など、お客様へのアプローチとして演出。腰をかけることもできる大きな階段や、使用可能なキッチンなど、スタッフの寛ぎの場も考慮。

CL, DF, SB: CURIOUS design workers 一級建築士事務所
D: 石本輝旭

名刺

会社情報

LARGE

CURIOUS *design workers*

施工データ

設計	石本輝旭	専有面積	324㎡
施工	鳳建築	設計期間	2ヶ月
築年	1985年	施工期間	3ヶ月
竣工	2017年	工事費	3000万円

1F

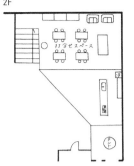

2F

Floor Plan

Before

会社案内

トートバッグ

ハンカチ

トグルスイッチ

港街をイメージした4つのエリアに分け、
歴史ある貿易商社の新たな船出をイメージ

kikuden.co.jp

キクデンインターナショナル | 重電機器の貿易商社
HEAVY ELECTRICAL EQUIPMENT TRADING COMPANY

事業再編に伴い、働き方の多様性に重点を置いた環境を整備。交流を深め、ワークバランスを目指したオフィスへ。エントランスは「HARBOR（港）」。物流コンテナをイメージした壁、一角には港の酒場風のバーカウンターも。賑わいを演出した執務室は「TOWN（街）」。会議スペースは「OMOTENASHI」がテーマ。リフレッシュ＆キッズスペースは「PARK（公園）」。

CL: キクデンインターナショナル
SB: ブルースタジオ

KIKUDEN

SINCE 1970

施工データ

設計	ブルースタジオ	専有面積	478㎡
施工	礎コラム	設計期間	2ヶ月
築年	1987年	施工期間	1ヶ月
竣工	2017年	工事費	－

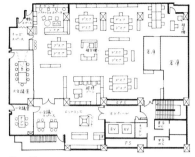

Floor Plan

Before

President & CEO
Boon F. Kikuchi

KIKUDEN International Ltd.
No.2 Uyeno Bldg.4F, 3-7-18 Shin-Yokohama, Kohoku-ku,
Yokohama City, 222-0033 JAPAN
TEL:+81-45-474-2205 FAX:+81-45-474-2210
e-mail:oooo@kikuden.co.jp
[Group company]
KDI Premium Logistics GmbH (Frankfurt, Germany)
www.kikuden.co.jp

キクデンインターナショナル株式会社
〒223-0033 神奈川県横浜市港北区新横浜3-7-18
第2上野ビル4F
TEL:045-474-2205 FAX:045-474-2210
e-mail:oooo@kikuden.co.jp
[グループ物流会社]
KDI Premium Logistics GmbH (Frankfurt, Germany)
www.kikuden.co.jp

代表取締役社長
菊池 文武

名刺

大きなデスクを起点として捉え、
日々の活動を受け止めるオフィスデザインを目指す

amifa office | ライフスタイル雑貨メーカー
MANUFACTURER OF LIFESTYLE PRODUCTS

「人が増える、作業効率をよくする、活発にコミュニケーションをとる」。こうしたオフィスでの日々の活動を懐深く受け止める受け皿にしたいと考えて設計。自由度を高めるために天井を取り外しワンルームのスケルトン空間に仕切りのない大きなデスクを配置した。壁にプリントされた大柄なグラフィックがコンクリートの無骨な空間に柔らかさを与える。

www.amifa.co.jp

CL: アミファ
P[オフィス]: 長谷川健太
SB: CHAB DESIGN

アミファ取扱商品掲載カタログ

リーフレット

amifa

施工データ

設計	CHAB DESIGN
施工	TANK
築年	–
竣工	2015年
専有面積	311.55㎡
設計期間	2ヶ月
施工期間	2ヶ月
工事費	4000万円

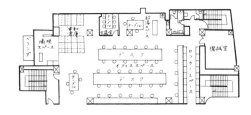

Floor Plan

Before

ブランドブック

華美な意匠で空間を演出せず、シンプルで ありながらも家具と調和するインテリアを考案

ハーマンミラージャパン｜家具メーカー　FURNITURE MAKER

アメリカに本拠地を置く、家具メーカー。オフィス内の中央にあった大きな柱は、用途を持たせ つつ存在感を消して空間に取り込み、ショールーム内はコーナーを曲がるたび、多彩な商品を見 られるように回遊動線を作った。ハーマンミラーが提唱する「人びとが働き、学び、癒え、生活 する場所」にふさわしい理想的な場所づくりを目指した。

www.hermanmiller.co.jp

CL: ハーマンミラージャパン
P: 阿野太一 / Daici Ano
SB: フロート

ブランドブック

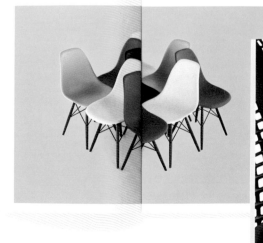

THERE IS A BASIC REASON FOR THERE BEING A HERMAN MILLER COMPANY . . . A REASON FOR OUR IMAGE . . . A REASON FOR OUR GROWTH . . . A REASON FOR EACH OF US BEING HERE. THIS BASIC REASON MAY BE SUMMED UP IN THE WORD, "DESIGN."

HUGH DE PREE, 1959

HermanMiller

施工データ
───

設計	FLOOAT
施工	−
築年	−
竣工	2017年
専有面積	386.8㎡
設計期間	4.5ヶ月
施工期間	2.5ヶ月
工事費	−

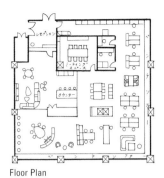

Floor Plan

Before

ブランドブック

PROBLEMS ARE BEST SOLVED THROUGH DESIGN.

>>> ハーマンミラージャパン

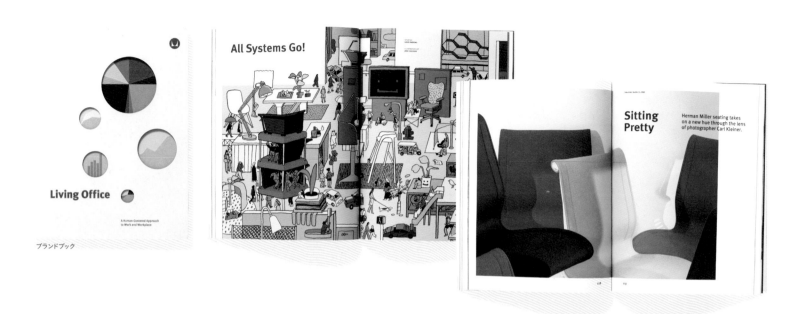

ブランドブック

ルックブック

SMALL

「不便さ」を取り込む
"人の感覚を呼び起こす" オフィス

parkERs office | 空間デザイン　SPATIAL DESIGN

ブランドコンセプトは「日常に公園の心地よさを」。オフィス空間で感じる植物の成長や水の動きは、豊かな交流や気づきをもたらし創造性を生む場としてオフィス機能を進化させている。例えば古材でできたデスクは凹凸がありものを書きにくい一面もある。しかしこの「使い勝手の悪い」要素を取り込むことで、何気なく触れた手のひらから伝わるその感覚が新しい発想を呼び起こすのだ。

www.park-ers.com

CL: パーク・コーポレーション　CD: 城本栄治(parkERs)
空間デザイナー: 小倉加奈 / 片平麻衣子(parkERs)　P: 木村雄司
プランツコーディネーター: 児玉絵実 / 辻永岳史 / 田村未和(parkERs)
D[ブランドブック]: 近藤朋幸(one_five ™ inc.)
編集: 岡野 民　W: 内田有佳
D[プロダクトブック]: 岸 直人　P: 木村雄司
D[コンセプトブック]: 片平麻衣子(parkERs)
アロマ調香デザイナー: 齋藤智子　アロマ, SB: parkERs

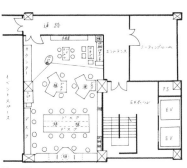

施工データ
———

設計	parkERs
施工	parkERs
築年	–
竣工	2016年
専有面積	72.48㎡
設計期間	3ヶ月
施工期間	2週間
工事費	1200万円

Floor Plan

parkERs
by Aoyama Flower Market

INTERIOR + GREEN DESIGN

parkers-info@park-corp.jp
tel 03-6721-0091 fax 03-6721-0092
www.park-ers.com

parkERs

グリーンと共存するライフスタイル。育つインテリア。

Aoyama Flower Market
http://www.aoyamaflowermarket.com

TEA HOUSE
http://www.afm-teahouse.com

hana-kichi
http://www.hana-kichi.jp

ブランドカード

オリジナルアロマスプレー

オリジナルアロマオイル

>>> parkERs

コンセプトブック

ブランドブック

プロダクトブック

運営するカフェのショップバッグ

ガーデンローテーブル

SMALL

腐食ミラーやラフなスタッコ塗装が
レトロなビルの味わいを深める

ADAMANT宮内三宮ビル｜不動産　REAL ESTATE

4階建てのビルの2階を不動産会社のオフィスに。古いビルの窓枠や階段、外壁などをそのまま利用し、経年変化による風合いを活かした。大きな額縁に写真とロゴを配したエントランスや、ナチュラルウッドに囲まれた廊下は小さなギャラリーのよう。執務・応接スペースはラフスタッコ塗装の壁、スタジオベースライトやアクリル製の大きなシェードで既存の窓枠との調和を図る。

CL: アダマント
D[グラフィック]: 細見竜也（コルクデザイン）
P[竣工写真]: ナカサ＆パートナーズ
SB: brownbag lab.

施工データ

設計	brownbag lab.	専有面積	23.99㎡
施工	ネオス	設計期間	2ヶ月
築年	–	施工期間	5週間
竣工	2013年	工事費	2000万円

Floor Plan

Before

アダマント株式会社
〒650-0021 神戸市中央区三宮町2丁目6番4号 宮内三宮ビル2F
TEL 078-392-0660　FAX 078-392-0670

代表取締役 金江辰浩

名刺

高い天窓をより高く見えるよう工夫
共用のデスクでコミュニケーションを図る

ハンクラデザイン｜デザイン事務所　DESIGN OFFICE

大きな天窓が目を引くデザイン事務所。その天窓の特性を生かして、オフィスが広く見えるよう天井の配管などは残しつつ、グレーでペインティングをほどこした。道路に面するサンルームには観葉植物を置き、さわやかで明るい雰囲気に気を配った。オフィスのデスクは個別のものではなく、大きなデスクを共有し、スタッフ同士がコミュニケーションを取れるように配慮。

hankura-design@sky.plala.or.jp

AD: 河野洋輔
P: 足袋井竜也
CL, SB: ハンクラデザイン

HANKURA Design

☑ 島谷　将文
Masafumi Shimatani
Mobile：000-0000-0000

☐ 島谷　寿美礼
Sumire Shimatani
Mobile：000-0000-0000

ハンクラ

〒732-0063
広島市東区牛田東2丁目19-16 B1
Tel：082-846-6325
Fax：050-3730-1184
Mail：hankura-design@sky.plala.or.jp
URL：http://hankuradesign.main.jp

名刺

ハンクラ

HANKURA Design

施工データ

設計	ハンクラデザイン
施工	ハンクラデザイン
	＋穴吹デザイン専門学校の学生
築年	‐
竣工	2016年
専有面積	45.25㎡
設計期間	1ヶ月
施工期間	1ヶ月
工事費	‐

Floor Plan

Before

リーフレット

ワイングラスのような
フラワーベース

空間やものづくりを身近に感じ、
クリエイターが表現するにふさわしい自社オフィス

LIVE DESIGN STUDIO | 企画・意匠設計　PLANNING & DESIGN OFFICE

オフィスデザインを手がける「ヒトバデザイン」が自社のオフィスづくりを担当。企業理念である「人が場をつくり、場が人を生む」をテーマに設計した。念頭に置いたのは、空間づくりやものづくりをより身近に感じ、クリエイターが集って表現をするにふさわしい機能的なオフィス。また使用した素材を身近に感じられるよう、できるだけシンプルなデザインを目指した。

hitoba-office.com

CD, SB: HITOBA DESIGN
D: 山田隆俊 (conte design)

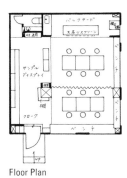

施工データ

———

設計	HITOBA DESIGN
施工	HITOBA DESIGN
築年	–
竣工	2017年
専有面積	66.1㎡
設計期間	–
施工期間	–
工事費	–

Floor Plan

HITOBA DESIGN

株式会社ヒトバデザイン

ビジュアルコミュニケーションデザイナー　鈴木 一郎

W RK KIT　　　MAIL：aaaaa@aaaaa.com　MP：000-0000-0000

名刺

HD
HEAD OFFICE　〒150-0002 東京都渋谷区渋谷2-5-12 #208
LIVE DESIGN STUDIO　〒107-0062 東京都港区南青山2-7-1
URL：http://hitoba-office.com　TEL：03-6418-9366　FAX：03-6418-9377

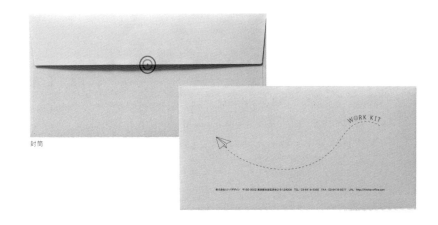

封筒

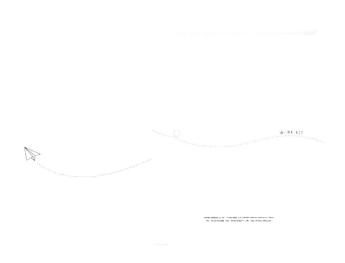

封筒

IDEA IS BORN

SPEAKING

on

ドンディスカード

2020年12月に解体が決まっている建物を、
最小限の手数に抑えたデザインでラフな空間へ

SNARK TOKYO | 建築設計事務所　ARCHITECTURAL DESIGN OFFICE

家具などのプロダクトから内装及び建築設計を行なう会社の東京オフィス。天井、壁、床など、むき出しの躯体のラフさをそのまま活かし、同社の特徴である制作家具のカウンターやデスク、トイレ、オーディオなどもそれと同様に設えることで、限られた広さの中で空間の質を機能と共に整えた。名刺、会社案内はAmpersandsによるデザイン。

snark.cc

CL, SB: SNARK
CD, AD, D: 飛嶋由馬（Ampersands）

名刺

Snark inc.

施工データ

設計	SNARK
施工	DEAK
築年	1988年
竣工	2017年
専有面積	43.32㎡
設計期間	1ヶ月
施工期間	1ヶ月
工事費	–

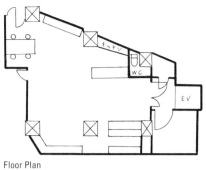

Floor Plan

Before

ポストカード

ARCHITECTURE OF SNARK 2015-2017

会社案内

Snark inc.

OMOTESANDO ROCKET

打ち合わせはランプの上という想外な発想。
新しい作品は自由な空間から生み出される

www.sunday-vision.biz

SUNDAY VISION Office ｜デザイン会社　DESIGN STUDIO

デザイナーのライフスタイルであるスケートボードのランプを打ち合わせスペースとした、特異なオフィス。休憩時にはスケートボードをする事も可能、ランプには本棚や植栽が埋め込まれ、オフィス家具の機能も兼ね備えている。間仕切り扉を有孔ボードとする事でディスプレイも兼ねる。コーヒードリッパーともなるカウンターや窓際の植栽部分も造作した。

CL, SB: SUNDAY VISION
AD, D: 越尾真介
SB: SNARK

SUNDAYVISION

施工データ

設計	SNARK
施工	rice products
築年	–
竣工	2015年
専有面積	47.5㎡
設計期間	1ヶ月
施工期間	1ヶ月
工事費	–

Floor Plan

越尾 真介

SUNDAYVISION
www.sunday-vision.com
〒162-0801

Tel. 03 6265 0810
Fax. 03 6265 0809

名刺

SUNDAYVISION

封筒

SUNDAY VISION INC. WWW.SUNDAY-VISION.COM
ESTD 1997

ステッカー

北海道の森をモチーフにしたテキスタイルと、
道内の建築家が織り成す、自然の息吹を感じる空間

Design peaks & 20% │ デザイン事務所　DESIGN FIRM

事務所の代表が提言する「皆で輪を作りクリエイティブしていこう」という考えを建築家が具現化した。建築家が作り出す白を基調とした独特な雰囲気をもつ空間に、世界的テキスタイルデザイナーがデザインしたカーテン（作品名「Breath of forest」〜クリエイターの息吹〜）をコラボレーションさせた。カーテンに囲われた中で、木や土の自然を感じ、デザインテーマでもある森の息吹を受けながら、輪になって仕事に励んでいる。

www.dpeaks.com
www.20pct.com

CL, SB: Design peaks & 20%
CD: 伊藤友一
D[ロゴデザイン]: やはずのよしゆき
D[テキスタイル]: 梶原加奈子
D[建築]: 五十嵐 淳
P: 佐々木育弥
DF: 五十嵐淳建築設計事務所

SMALL

施工データ

設計	五十嵐淳建築設計事務所
施工	五十嵐淳建築設計事務所
築年	1970年代
竣工	2016年
専有面積	–
設計期間	–
施工期間	4ヶ月
工事費	–

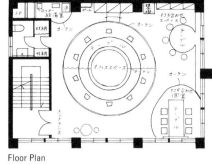

Floor Plan

Before

名刺

封筒

大きな窓から差し込む外光が心地よい
図書館のような静謐さを感じさせるオフィス

Ampersands office｜デザインスタジオ　DESIGN STUDIO

アナログ的な感覚も大切にするデザインスタジオのオフィス。活版印刷やエディトリアルのデザイン
も行うため、書籍用の本棚、紙のケース、机なども造作。既存躯体とスチールサッシを生かし、
空間の抜けを確保するため共用廊下側に開口部を設置した。キッチン、ドア、本棚などと腰壁の
木質感を統一することで、古いビルの既存躯体が見せる荒々しさを抑えている。

ampsds.jp

CL, SB: ampersands
SB: SNARK

& ampersands

施工データ
———
設計	SNARK
施工	TANK
築年	–
竣工	2015年
専有面積	63.12㎡
設計期間	1ヶ月
施工期間	1ヶ月
工事費	–

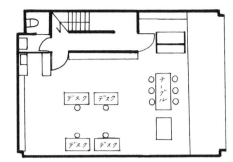

Floor Plan

Before

ampersands

&

yuma tobishima

aaaaaaaa@aaaaaa.jp　m

4f marine blue studio bldg,
2-4-12 fujimi, chiyoda-ku, tokyo
ampsds.jp

+81 3 6265 6935　p

名刺

会社案内

木や植物が無機質な素材と折り混ざる空間。
遊び心のある心地よい空間で新たな発想を生み出す

cs-2.jp

CS.2

映像制作・グラフィックデザイン・ウェブデザイン
VIDEO PRODUCTION / GRAPHIC DESIGN / WEB DESIGN

様々なメディアのデザイン・制作を行なうCS.2のオフィス。3階建てのビルを丸ごとリノベーション
し、2階をオフィスとミーティングルーム、一部をシェアオフィスとして利用。1階は駐車場、3階
には編集室と撮影スペースも。既存の床材をはがしたままのラフな床、アルミやスチールの金属
に無塗装の構造材、そして随所に置かれた植物が有機的に場の雰囲気を作り出す。

CL, SB: CS.2
AD［ロゴ］: 岩越竜也
D［年賀状］: 谷 一浩
P［年賀状］: 稲葉達也
SB: エイトデザイン

CS.2 inc.

施工データ

設計	エイトデザイン
施工	エイトデザイン
築年	1976年
竣工	2015年
専有面積	各階94.264㎡
設計期間	1ヶ月
施工期間	1ヶ月
工事費	－

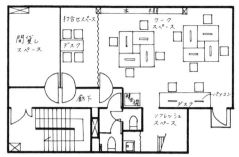

Floor Plan

Before

2

CS.2 Office
Share Office
Meeting Room

CS.2 inc.

昆野 孝

株式会社 CS.2

Address

Tel Fax

Mobile

Email

Web
www.cs.2.jp

2018年 CS.2はおかげさまで11期目11名 これからもよろしくお願いいたします

2007	2008	2009	2010	2011	2012	2013	2014	2015	2016	2017	2018
Conno		Iwakoshi Inaba			Unno			Sanda	Kinoshita	Wakabayashi Tani Taniguchi Niwa	Takeda
CS.2設立							CS.2法人化				

名刺

年賀状

家具工場を社内に持つ強みを活かした自社施工
機能性を満たしながら空間を緩かに仕切る

graf awa branch | 設計事務所　DESIGN OFFICE

古いRCビル内の45㎡ある区画に、2m程のシナベニヤと白塗装した2枚の壁を斜めに構成して空間を緩やかに仕切り、ギャラリー、打合わせスペース、ライブラリーなどを作った。設計は、おおまかなプランと素材を決めておき、細かい壁位置や高さは、現場で製作しながら決定した。簡素な素材を使いながらも、空間性を感じられるクオリティの高いオフィスを作った。

CL, SB: graf
I: 向井千晶（graf）
P, 内装設計: 千葉 禎（graf awa branch）
DF: graf awa branch
AD, D: 向井千晶（graf）

挨拶状

graf
awa branch

施工データ

設計	千葉 禎
施工	graf
築年	1963年
竣工	–
専有面積	45㎡
設計期間	1ヶ月
施工期間	1ヶ月
工事費	100万円

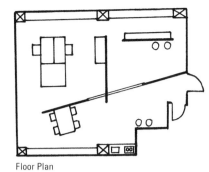

Floor Plan

Before

INVITATION

RECEPTION PARTY
2018.7.6 [FRI]

OPEN 14:00 — CLOSE 20:00
PARTY START 17:30 — CLOSE 20:00

graf awa branch
Daiwa Bldg 3F 2-7 Yoshinohoncho,
Tokushima-shi, Tokushima, 770-0802 Japan

徳島オフィス
レセプションパーティーのお知らせ

このたび、徳島オフィスを開設することになりました。開設の準備中には親身なご教授やご協力を賜り心よりお礼申し上げます。
つきましては皆様に感謝の意を表し、事務所の披露をさせていただきたく、ささやかですがパーティーを催します。ご多用中恐れ入りますがぜひご出席くださいますようお願い申し上げます。

招待状

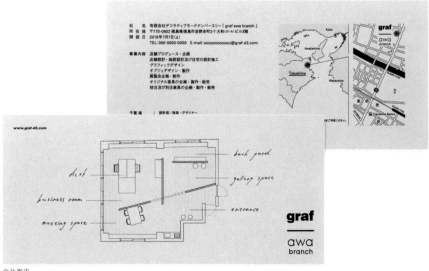

会社案内

akiyamatachibana.com

異業種のプロフェッショナルが集う
社会実験的なシェアオフィス

秋山立花一級建築士事務所 | 建築設計事務所　ARCHITECT DESIGN OFFICE

共感、共創、共有の実践と実験の場として、一級建築士事務所の自社オフィスを兼ねて運営しているシェアオフィスcosmos。その中に秋山立花一級建築士事務所はある。築45年超のビルの古さを活かし、むき出しのコンクリート壁に漆喰、無垢の床で温かみをプラス。壁の漆喰、床、天井の塗装、室内の家具などすべてをDIYで改装した。日々新しい「協創（協力して創造する）」が産まれる場となっている。

CL, SB: 秋山立花

秋山 怜史
Akiyama　Satoshi
代表
一級建築士

秋山立花
一級建築士事務所

京都拠点　600-8813
　　　　　京都市下京区中堂寺南町134番地 ASTEM 8階
横浜事務所　231-0012
　　　　　横浜市中区相生町3-60 泰生ビル3F cosmos
　　　　　Tel : 045-323-9347　Fax : 045-323-9364
　　　　　E-mail : oooooooo@akiyamatachibana.com
　　　　　HP : http://www.akiyamatachibana.com

名刺

　　　　　　　　　　　　　　様

　このたびは、秋山立花にご興味をもっていただき、誠にありがとうございます。
　私たちが家づくりで大切にしていること伝えたいことを書き留めたこの本を心を込めて贈ります。
　　　様の家づくりをご一緒させていただければ幸いです。
　お会いできることを心より楽しみにしております。

　　　　　　　　　　　　　　2018年　　月　　日
　　　　　一級建築士事務所秋山立花　代表　秋山怜史

サンクスカード

社会と人生に新しい選択肢を提案する

秋山立花

封筒

秋山立花

施工データ

設計	秋山立花
施工	–
築年	1973年
竣工	2012年
専有面積	100㎡
設計期間	2ヶ月
施工期間	1ヶ月
工事費	150万円

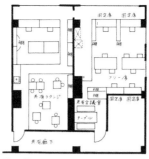

Floor Plan

Before

会社案内

放射状の形状を活かし、若手メンバーが
自らの経験の元に造り上げた心地よいオフィス

スタイル工房　新高円寺オフィス
建築設計デザイン
ARCHITECTURAL DESIGN FIRM

新たな拠点として中古物件をスタッフ自らリノベーションした。イエローをテーマカラーに採用し、放射状の土地形状を活かすように考慮して設計。会社の理念である「人が幸せに暮らせる住まいづくり」を体現するため、デスクには国産杉材のオフィス用テーブルやユニットシェルフなどナチュラル感のある「無印良品」の家具を採用。居心地のよいオフィスを目指した。

www.stylekoubou.com

CL, SB: スタイル工房
I: 渡辺ノリエ
DF: アド・クロ

stylekoubou

施工データ

設計	スタイル工房
施工	スタイル工房
築年	1992年
竣工	2018年
専有面積	87㎡
設計期間	1ヶ月
施工期間	1ヶ月
工事費	－

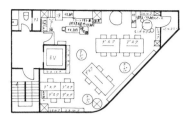

Floor Plan

Before

会社案内

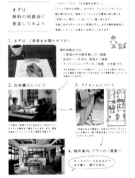

サービス案内

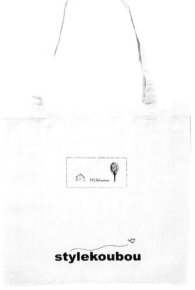

施工事例集

施工事例集

トートバック

長年空き家だった築50年の木造アパートを改修。
リノベーションに込められた思いが集約するオフィス

フィールドガレージ ｜ リノベーションデザイン　RENOVATION DESIGN

リノベーションを中心とした建築デザイン事務所。塗装などはスタッフ一丸となってDIYし、最低限の状態で入居。その後も思いついたら追加の改修を、と気軽に楽しみながら「つくる暮らし」を提案する。鋼板のデッキプレートを天井に、足場板やラーチ合板をアレンジして床に、アルミサッシを黒く塗装、多様なタイルの使用など、各所にアイデアが散りばめられている。

www.fieldgarage.com

CL, D, SB: フィールドガレージ

SMALL

NAOKI HARA
原　直樹
代表取締役

株式会社フィールドガレージ
〒153-0051 東京都目黒区上目黒 2-12-8-1F
TEL : 03 6715 6901 / FAX 03 6715 6902
MAIL : ooooo@fieldgarage.com
MOBILE : 000 0000 0000

FIELDGARAGE
RENOVATION DESIGN COMPANY

FG

FG FIELDGARAGE　　リノベーション業務（企画・設計・施工）
　　　　　　　　　　建築設計業務（住宅・店舗・オフィス他）
　　　　　　　　　　不動産仲介業

FG-CRAFT　　オーダー家具（製造・デザイン・販売）
　　　　　　　インテリア商品のオンラインショップ販売

DIY STUDIO　　レンタルDIYスペース「DIY STUDIO」運営

‹ FOLLOW

二級建築士事務所 東京都知事登録 第 15438 号
宅地建物取引業者 東京都知事 (2) 第 95339 号
一般建設業 東京都知事 第 142704 号

名刺

施工データ
――

設計	フィールドガレージ
施工	フィールドガレージ
築年	1970年代
竣工	2010年
専有面積	62.5㎡
設計期間	2ヶ月
施工期間	1ヶ月
工事費	300万円

Floor Plan

Before

RENOVATION ALBUM

CASE 1
"DIY ROOM" で家作りは続く

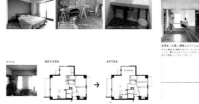

会社案内

細かく区切られていた部屋をセルフリノベーション。
全員で一緒に働けるオフィスが誕生した

www.roovice.com

ルーヴィス ｜設計施工会社　DESIGN & CONSTRUCTION FIRM

築45年のマンションをセルフリノベーション。区切られていた間取りをオフィスとして利用していたが、人数が増えるにつれコミュニケーションがとりにくくなっていたため、部屋の壁を壊して全員のデスクが確保できるオフィススペースに改造。仕事はもちろん、皆で映画を観たり、お酒を楽しんだりなど課外活動も行うように。ゆったりとリラックスできるオフィスが誕生した。

CL, SB: ルーヴィス
P: 中村 晃

ROOVICE

施工データ
―――

設計	ルーヴィス
施工	ルーヴィス
築年	1973年
竣工	2017年
専有面積	約60㎡
設計期間	解体・改装しながら
施工期間	3週間
工事費	300万円

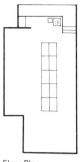

Floor Plan

Before

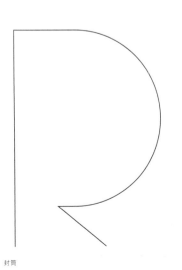

封筒

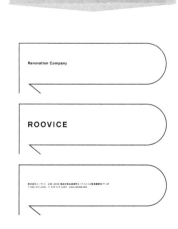

Renovation Company

ROOVICE

手ぬぐい

工事の一部以外はDIYでコストを抑え、
理想的なフレンチアパートメント風工房＆教室に

Onaka no Ouchi ｜ 製菓　CONFECTIONERY MAKER

住居として使っていた3LDKのマンションを1LDKにリノベーションし、おやつユニットの工房＆教室に。厨房以外スペースでは教室に対応できるように工夫した。予算が限られていたため、工事の一部だけプロに依頼して残りはクライアントと設計者とでDIY。コストを抑えつつ理想的な空間づくりを実現した。パーツにまでこだわり、フレンチアパートメント風の空間に仕上げている。

onaka.tokyo

CL: Onaka　D[ロゴ, 名刺]: 秋山具義
D[リーフレット, ギフトラッピング]: 田久保 彬
D[ハウス型ボックス]: OFFRECO　D[ギフトボックス]: 塚本太郎
P: yuricamera　SB: OFFRECO

Onaka

施工データ

設計	OFFRECO
施工	OFFRECO
築年	–
竣工	2017年
専有面積	50㎡
設計期間	6ヶ月
施工期間	2ヶ月
工事費	–

Floor Plan

Before

Onaka

□　□　□
た　お
な　・
か　ざ
ち　わ
さ　か
と　お
　　り

おやつユニット Onaka
http://onaka.tokyo
info@onaka.tokyo

名刺

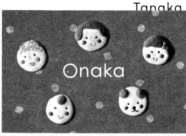

Oyatsu producer
田中 知彩都

Chisato
Tanaka

〒140-0001
東京都品川区北品川
3-6-48-501

Phone 000-0000-0000
Mail oooooo@onaka.tokyo
Web http://onaka.tokyo
tanakachisatoo

名刺

リーフレット

ギフトラッピング袋

ハウス型ボックス

ギフトラッピング ＆ ボックス

港町の古家屋を革工房にリノベーション
廃材木を採用し唯一無二の空間に

cokeco.net

cokeco ｜ 革工房＆ギャラリー　LEATHER ATELIER & GALLERY

塩田と宿場町で栄えた「津屋埼千軒」の古家屋を、東京から移住してきた革職人の夫婦のために
リノベーション。あえて工房をオープンスペースにすることで、職人との会話や作品の制作現場を見
学できるようにしている。工房は「ロンドンの町工場」をコンセプトに、スチールと廃材木を用い、
木材は運搬から選別、加工、施工までを施主と共に取り組むことで、他にはない空間を演出した。

CL: 田中立樹 / 田中知絵

SB: ノットイコール一級建築事務所

レザークラフト

Leather
Shoes &
leather goods

施工データ
———

設計	ノットイコール一級建築士事務所
施工	DIY＋TM工業
築年	－
竣工	2014年
専有面積	25㎡
設計期間	1ヶ月
施工期間	5.5ヶ月
工事費	－

Floor Plan

Before

レザークラフト

キーケース

DM

内装はアメリカンモダンな雰囲気
フレキシブルに動く什器も便利

www.airlines.co.jp

エアラインズ／エアポートラウンジ（キモノ着付け教室）｜デザイン設計　DESIGN OFFICE

デザインオフィス兼着付け教室として、またイベントスケジュールペーストしても利用できるよう、什器のほとんどが可動。フレキシブルな空間が取れるように工夫した。一見着物教室には見えないアメリカンレトロな内装が目を引く。コンセプトはオフィスというあたらしさと、着物という古いものが融合。居心地の良い空気感を心がけた。

CL, SB: エアラインズ
CD: 野水宏一
AD, D: 片山智子

名刺

airlines inc.

デザイナー

片山 智子

oooooo@airlines.co.jp
000.0000.0000

airlines inc.
www.airlines.co.jp
エアラインズ株式会社
550-0014
大阪市西区北堀江1丁目 15-18 3F
tel 06.6556.6999　fax 06.6556.6989
150-0021
東京都渋谷区恵比寿西1-33-31-103

airlines inc.
www.airlines.co.jp

Designer
TOMOKO KATAYAMA

aaaaaaa@aaaaaaa.co.jp
+81.00.0000.0000

OSAKA office:
3F,1-15-18,Kitahorie,Nishi-ku
OSAKA5500014
tel +81.6.6556.6999
fax +81.6.6556.6998

TOKYO office:
103,1-33-31,Ebisu-Nishi,Shibuya-ku
TOKYO1500021

封筒

airlines inc.

施工データ

設計	アートアンドクラフト
施工	アートアンドクラフト
築年	1991年
竣工	–
専有面積	50㎡
設計期間	–
施工期間	–
工事費	約330万円

Floor Plan

airlines inc.

会社案内

天井、照明、オリジナル塗装のロッカーなど
黒でまとめて落ち着いたワークスペースに

コワーキングスペース gain-Y │ コワーキングスペース　COWORKING SPACE

古い3階建てのビルの外装はそのままで、2階をコワーキングスペース、3階は事務所兼住居に。コワーキングスペースはオーナーとも細かく打ち合わせを重ねて施工。壁面の本棚はメンバー用のプレゼンスペース、窓際のカウンターテーブルは会話不可の集中席、中央の大きなテーブルはコミュニケーションの場に。コストダウンを図りつつシンプルで居心地のよい空間を確保した。

gain-y.com

CL, SB: ひだまり不動産
D[建築]: 高橋めぐみ
SB: gain-Y

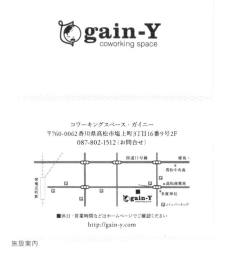

コワーキングスペース・ガイニー
〒760-0062 香川県高松市塩上町3丁目16番9号2F
087-802-1512（お問合せ）

■休日・営業時間などはホームページでご確認ください
http://gain-y.com

施設案内

SMALL

gain-Y
coworking space

施工データ

設計	ひだまり不動産
施工	ひだまり不動産
築年	1969年
竣工	2012年
専有面積	41.46㎡
設計期間	2ヶ月
施工期間	2ヶ月
工事費	－

Floor Plan

gain-Y
coworking space

コミュニティ・マネージャー
風呂 めぐみ

コワーキングスペース　ガイニー
〒760-0062　香川県高松市塩上町3-16-9 2F
TEL 087-802-1512　FAX 087-802-1513
Mail　oooo@gain-y.com
URL http://gain-y.com

名刺

施設案内

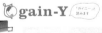

gain-Y 「ガイニー」と読みます

コワーキングスペースってどんなところ？

- ちょっと声をかけられるところに仲間がいること
- つねに新しいワクワクすることがあること
- 偶然とは思えないクリエイティブな出会いがあること
- やりたいと思っていたことが驚くほど短期間で実現できること

共同ワークデスク10〜12席／ミーティングスペース4席／
お仕事スペース1席　※全席フリーアドレス制です
高速インターネット回線(無線LAN)／電源／コピー機／スキャナー／
本棚／ロッカー／トイレ

- 単独でオフィスを賃貸するより経済的にワークスペースを確保できる
- 打ち合わせや勉強会・小セミナーのためのスペースを確保できる
- 異業種の人と交流することで仕事に役立つヒントを発見できる
- 独りではこなせないプロジェクトのパートナーとコラボレーションできる

【営業時間】	【ご利用料金】
10:00→21:00	1カ月間ご利用し放題の「会費制」、1日単位でご利用・お支払いいただく「ドロップイン」料金、またドロップインがお得になる「回数券」があります。
【定休日】不定休	

- 会費制…¥7,560/1カ月
- ドロップイン…¥1,080/1 日　¥540/〜2 時間
- 回数券(5枚・有効期限発行日より3カ月)
  …1 日用 ¥4,320　2 時間用 ¥2,160

※ 現在はメンバーさまのみ 21 時までのご利用とさせていただいています。
※ セミナー、ワークショップに10名〜15名様ご利用いただけます。
※ イベントでのご利用ご希望の方は、ご相談ください。

レトロビルの既存の天井や床の風合いを活かし、古き良き時代の「アメリカンビンテージ」なオフィスへ

Star FACTORY | デザイン事務所　DESIGN OFFICE

クリエイティブを通して光を灯すことをコンセプトにするデザイン事務所。オフィスイメージの元となったのは、アメリカのポートランドにあるビンテージデザインの照明器具を復刻・販売する「SCHOOL HOUSE ELECTRIC co.」。アイスブルーの鉄扉は同社のテーマカラー。ブリックタイルの柱、ガラス枠の角のアーチなど、細部にこだわりが詰まる。

starfactory-inc.com

〒550-0012 大阪市西区売曜1-10-3 タブチビル3F
TOKYO
〒166-0002 東京都杉並区高円寺北1-23-6
アスコット高円寺302

CL, DF: Star FACTORY
SB: SCHOOL BUS

クリエイティブディレクター
宮本　司
tsukasa miyamoto

雑誌・広告・パンフレット・DM等の企画制作
株式会社 スターファクトリー
OSAKA
〒550-0012 大阪市西区売曜1-10-3 タブチビル3F
TEL. 06-6534-6733　FAX. 06-6534-6744
TOKYO
〒166-0002 東京都杉並区高円寺北1-23-6
アスコット高円寺302
TEL. 03-5942-7339　FAX. 03-5942-7329
E-mail. aaaaaaaa@aaaaaaaaaaaa.com
mobile. 000-0000-0000

名刺

www.starfactory-inc.com/

SMALL

StarFACTORY

施工データ

設計	SCHOOL BUS
施工	SCHOOL BUS
築年	–
竣工	2017年
専有面積	88.5㎡
設計期間	–
施工期間	1ヶ月
工事費	195万円

Floor Plan

Before

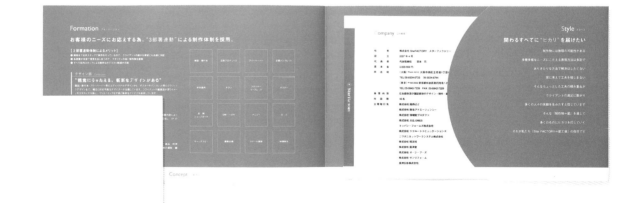

StarFACTORY

会社案内

青空を思わせる壁材や、照明の工夫で
地下という閉塞感を明るい雰囲気の空間に

jp.materialconnexion.com

Material ConneXion Tokyo Office | 素材提案コンサルティング
MATERIALS CONSULTING

先進素材のライブラリーを持つ、Material ConneXion Tokyoのオフィス移転計画。4mを越える天井高を生かして、一方の壁面は全面の書棚とし、また奥へ行くに従って段差を設ける構成とした。カーテン越しに光る窓のような照明や、窓の外の空をイメージした"カラーポリモック"によるピンナップボードなど、閉塞感のある空間を緩和しながらも、同社が扱う多様な素材が仕上げ材として引き立つような空間としている。

CL: Material ConneXion Tokyo
AD[メッセージカード]: DRILL DESIGN
AD[BYPASS展 パンフレット・DM]: DRILL DESIGN
P: 長谷川健太
AD[MCX名刺]: MCX NY
P[オフィス写真]: 高木康広
SB: トラフ建築設計事務所

Material ConneXion® Tokyo

施工データ

設計	トラフ建築設計事務所	専有面積	53.2㎡
施工	イシマル	設計期間	3ヶ月
築年	1981年	施工期間	1ヶ月
竣工	2018年	工事費	–

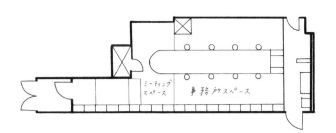

Floor Plan

Before

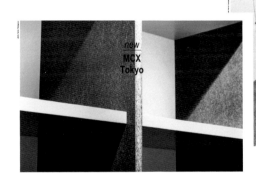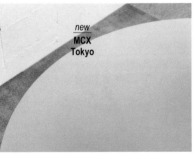

名刺

New York. Bangkok. Bilbao. Daegu. Milan. Skövde. Tokyo.
materialconnexion.com

Material ConneXion® Tokyo
Every Idea Has A Material Solution™

メッセージノート

BYPASS展 DM

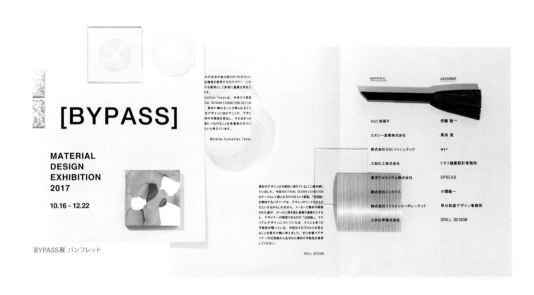

BYPASS展 パンフレット

黒をメインカラーにクール×開放感を表現。
ミニキッチンも備えた近未来的スタジオ

ノティオ／ワークショップスタジオ中目黒 | クリエイティブコンサルティングカンパニー
CREATIVE CONSULTING COMPANY

企業のブランディングなどを行なうノティオのセカンドオフィス。ゆったりとした広さのスタジオには、シンプルながら特徴的な天板の6人掛けのテーブルを配置。籠り感のあるカウンター席のミーティングスペースは扉をつけてプライベートな空間も確保した。床は一面にモルタルで仕上げ、天井を黒で塗装し、Blackの重厚感が響き渡る印象的な空間を実現。

notio-inc.com

CL, SB: notio
CD: 長田聖明
CD, AD: 塚本武志
AD: 下野圭子
D: 谷口 昂
D: 西村哲男
SB: nu renovation

新しい価値を見出し、
成果につなげる
ブランディング会社。

代表取締役
山田 真澄

mobile 000.0000.0000
e-mail XXXXXX@XXXXXX.com

notio

株式会社ノティオ
153-0042 東京都目黒区青葉台1-20-4
FORCEビル3F
tel 03.6712.7958／fax 03.6712.7959
550-0013 大阪市西区新町1-28-11
安川ビル3F
tel 06.6536.8010／fax 06.6536.8030
www.notio-inc.com

名刺

施工データ
――

設計	nu（エヌ・ユー）リノベーション
施工	nu（エヌ・ユー）リノベーション
築年	2006年
竣工	2018年
専有面積	74.88㎡
設計期間	2ヶ月
施工期間	約2ヶ月
工事費	817万円（什器代含）

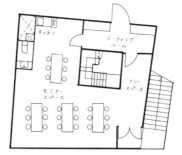

Floor Plan

Before

会社案内

CREATIVE
CONSULTING
COMPANY

戦略・デザイン・プロモーション。
一気通貫で行う、
中小企業のブランド・マーケティング。

中小企業の中長期的な成長を、
ブランド・マーケティングによって支援する。

採用パンフレット

チームで仕事をするノティオ。

封筒

クリアファイル

>>>

>>> ノティオ／ワークショップスタジオ中目黒

リーフレット

サンクスカード

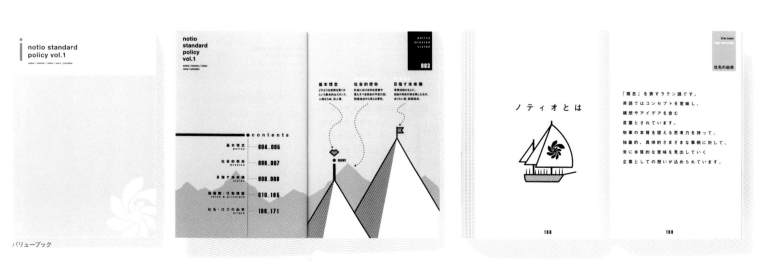

バリューブック

SMALL

最低限のデザインで昔からの古いビルが
新たに生まれ変われることを、街へ向けて発信

Wrap建築設計事務所 | 建築設計事務所 ARCHITECTURAL OFFICE

古いビルのリノベーションプロジェクト。最低限のデザインで新たに生まれ変わる姿を提案するため、構造壁ブロックを塗り替えて使用するなど内装は可能な限り解体した状態で活用。また、隣のカフェと緩やかなつながりを保てるよう上部はガラス張りにし、外部からも設計事務所の仕事を知ってもらう機会を意識するなど、街に開けた見通しのよい設計にした。

www.wrap-architect.com

CL, SB: Wrap
D[フライヤー]: KIGIPRESS
I[フライヤー]: 山内庸資
P: studio D&M

施工データ

設計	Wrap	専有面積	7㎡
施工	Wrap	設計期間	5ヶ月
築年	1998年	施工期間	3ヶ月
竣工	2016年	工事費	–

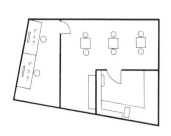

Floor Plan

Before

Wrap Architects office

今瀬 健太 kenta imase

Tel 088-635-3297   Fax 088-603-1733
Mobile 000-0000-0000
〒770-0808 minamimaegawa 4-2 tokushima
E mail xxxxx@xxxxxxxxxxxx.com
Web www.wrap-architect.com   Facebook & Instagram

名刺

カード

"ヴィンテージ"×"グローバル"の多目的ビジネス
空間は、誰もがくつろぐことのできるカフェテイスト

バレッグス品川支店 | 不動産事業　REAL ESTATE FIRM

日本に滞在する外国人が多く訪れるオフィス兼店舗。「異文化コミュニケーションとカフェの融合」
をテーマに、自由で縛られないオフィスを実現。可動性のあるインテリアと決めすぎないリラック
ス感を演出した店舗エリアと、4mのテーブルを造作したオフィスエリア。両エリアをゆるやかに区
切るヴィンテージ風のスギ材羽目板と大きなガラス窓が空間の主役に。

balleggs.com

CL: バレッグス
CD, AD, D, P: 高崎亮太
SB: Cuestudio（バレッグス）

建築営業部　リノベーション課

宅地建物取引士
一級建築士

九須田　次郎
Kyusuta Jiro

運営：株式会社 バレッグス
🏠 152-0004 東京都目黒区鷹番 2-5-21
☎ 03-5773-3355
📠 03-3794-1116
✉ aaaaaaaa@aaaaaaa.co.jp
🌐 http://www.balleggs.com

Cue studio
RENOVATION & DIY WORKSHOP
建築・リフォーム・ライフスタイル
SHOW ROOM 東京都目黒区鷹番 2-5-2

宅地建物取引業 東京都知事（7）第62730号
不動産投資顧問業 国土交通大臣 一般-第715号
賃貸住宅管理業 国土交通大臣（1）第4074号
建設業 東京都知事（特-般-27）第134818号
一級建築士事務所登録 東京都知事 第51685号

名刺

SMALL

Cue studio
| RENOVATION & DIY WORKSHOP |

施工データ

設計	Cuestudio
施工	Cuestudio
築年	1990年
竣工	2014年
専有面積	約41㎡
設計期間	3週間
施工期間	2週間
工事費	280万円
	(什器・家具代別途)

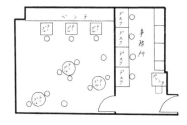

Floor Plan

Before

カタログ

キッチンをハブとして「社員同士」「お客様」「アイデア」が未来へつながる場を体現

ケンミン食品 | 食品メーカー　FOOD MANUFACTURER

ビーフンで国内シェア7割を誇る老舗の本社のワンフロアを改修。商品開発部門が使用するテストキッチンスペース、商談スペース、営業担当者が試食品などを調理するサブキッチンと3つのスペースが有機的に機能し、スピーディーな商品開発だけでなく、社内コミュニケーションの活性化が実現。社員のランチスペース、一般向けの料理教室の開催など多目的な利用を可能とした。

kenmin.co.jp

CL, SB: ケンミン食品
SB: フロンティアコンサルティング

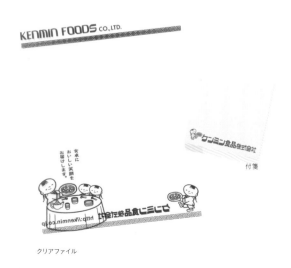

付箋

クリアファイル

SMALL

ケンミン食品株式会社

施工データ

設計	フロンティアコンサルティング
施工	フロンティアコンサルティング
築年	1995年
竣工	2016年
専有面積	83㎡
設計期間	約2ヶ月
施工期間	約40日間
工事費	–

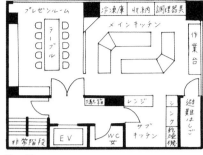

Floor Plan

会社案内

カタログ

空間の機能を分けるアイデアは
見た目の格好よさでパレットを採用

ハイテクノ 東京オフィス | 看板サイン・内外装デザイン
SIGNBOARDS / INTERIOR & EXTERIOR DESIGN

店舗の看板や内外装を行なう会社の東京オフィス。設計・デザイン・施工のほとんどを自社内で手がけた。物流パレットで空間をゾーニングし、一段上がった小上がり風のエリアを執務スペースに。視覚的に一つの空間としての繋がりを感じさせる効果も。将来の変化にもフレキシブルに対応できる利点もある。その場所の機能を、床や壁のアイキャッチで明快に示している。

hi-techno.co.jp

CL: ハイテクノ
D: 西本圭太
SB: イーソーコ総合研究所

名刺

ボールペン

H!TECHNO

施工データ

設計	–
施工	イーソーコ総合研究所
築年	–
竣工	2017年
専有面積	81.9㎡
設計期間	1ヶ月
施工期間	2週間
工事費	300万円

Floor Plan

Before

Sign & Display
Interior & Exterior design
Illumination
Electric construction
Planning
Sales promotion

会社案内

H!TECHNO

このメンテナンス、
どこに頼んだらいいの・・?

なケースのお問い合わせが多いです。

まとめてメンテ、まずはお気軽にご相談ください！

TEL：03-6433-1570

フライヤー

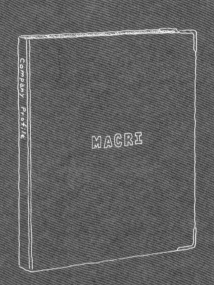

索引 *Index*

オフィス名　*Offices*

作品提供者　*Submitters*

グラフィックス ✕ リノベーションでつくるこだわりのオフィスデザイン

Office Renovation Graphics

Creating new value by renovating,
remodeling and restoring existing offices

2018年11月21日　初版第1刷発行

編著
パイ インターナショナル

Cover Designer / Designer
能城成美（PIE Graphics）

Art Director
松村大輔（PIE Graphics）

Photographer
藤牧徹也

Illustrator（カバー・挿絵）
素描家しゅんしゅん

Illustrator（見取り図）
松尾ミユキ

Translator
木下マリアン

Editor & Coordinator
山本文子（座右宝刊行会）
鈴木久美子

Editor
及川さえ子

発行人
三芳寛要

発行元
株式会社パイ インターナショナル
〒170-0005
東京都豊島区南大塚2-32-4
TEL: 03-3944-3981
FAX: 03-5395-4830
sales@pie.co.jp

PIE International Inc.
2-32-4 Minami-Otsuka,
Toshima-ku, Tokyo
170-0005 JAPAN
sales@pie.co.jp

印刷・製本
株式会社サンニチ印刷